W0296170

Guy Gilbert

Et si on parlait de tes mômes ?

Comment élever ses enfants

Philippe Rey

© 2008, Éditions Philippe Rey
15, rue de la Banque - 75002 Paris

www.philippe-rey.fr

Vous ne rattraperez jamais le
temps que vous ne leur avez pas
donné lorsqu'ils étaient si petits
et fragiles dans le nid.

Ce que vous dites, ils s'en
fichent. Ils enregistrent plutôt
tout ce que vous faites et,
surtout, qui vous êtes.

Dites-leur toujours qu'ils sont
plus grands que leurs fautes.

Introduction

Je les prends sous mon aile parce qu'ils sont d'une pauvreté affective infinie, cassés par les saccages d'une enfance disloquée. Je les éduque, je les nourris, je les soigne, je les punis, je les console, je leur pardonne, je les aide. Je fais encore un long chemin avec eux, je les porte jusqu'au bout, bien au-delà de leur majorité. Ma mission est de les faire grandir physiquement, intellectuellement et affectivement. Les remettre debout, voilà mon évangélisation.

Alors, qu'on ne me demande pas de me taire sous prétexte que je n'ai pas eu d'enfant moi-même. Erreur, j'en ai fait d'innombrables !

Un mec de mon quartier m'interpelle un jour et me dit : « Ma fille, c'est la tienne, curé ! » Elle est pourtant blonde comme les blés, sa fille, et moi, si brun (avant mes cheveux blancs)… J'ai aidé sa femme à la garder, il y a vingt-cinq ans. À cause de cela, on me considère parfois comme un « père physique ». J'ai eu plusieurs enfants de cette façon...

La question de Dieu me passionne absolument, et tout autant ce qui se loge au cœur des adolescents dont j'ai la charge. Il y a un lien intime entre ces deux pôles. Je ne peux séparer mon engagement de chrétien de celui d'éducateur. Sachant que l'Amour est mon ressort, je m'essaie à ne pas gaspiller le temps qui nous est donné pour aimer. On ne rattrape jamais le temps qu'on n'a pas passé avec les enfants. Ce moment, unique et fabuleux à la fois, où ils sont installés dans le nid, est inestimable pour l'éducation. Élever un enfant est une grâce, un privilège. Et c'est de plus en plus un combat.

Un jeune musulman m'a dit un jour : « Mon passé, c'est l'amour, et c'est le jour où je t'ai rencontré. » Puissent vos enfants vous dire ces mots.

Parents, soyez en première ligne. Soyez les combattants de l'Amour.

Parents absents, parents permissifs

Pour commencer, je vais vous raconter des histoires très dures. Des tragédies d'indifférence, des catastrophes d'absence d'amour.

C'était un dimanche ordinaire, les bons bourgeois de la ville étaient rassemblés dans l'église. Parmi eux, un couple : l'homme ingénieur, super paie, super voiture, super villa, super gonzesse, chien de luxe, poisson rouge de luxe ; un enfant unique.

Pendant la messe, les pompiers sont venus les chercher : leur fils s'était jeté de la tour la plus haute de la ville. Épouvantés, les parents ont couru immédiatement reconnaître le corps. Ils n'ont reconnu que le pull over et le pantalon de leur enfant.

Je le connaissais, cet adolescent, il m'avait dit souvent : « Mon père n'est qu'un chéquier. Jamais il ne prend du temps pour moi. Ma mère est toujours en réception. Mais chaque fois que je demande quelque chose, ils payent. » Il avait laissé sur son bureau simplement cette phrase : « Je hais mes parents et je hais l'Église. » D'où, sans doute, sa volonté de se tuer pendant la messe.

Et je me souviendrai toujours du père qui m'a dit, sur le cercueil de son fils : « Je n'étais jamais là pour lui. » Trop tard.

Un jour, un autre père m'a dit ceci : « J'ai trois filles, l'une d'entre elles était plus difficile que les autres, et je ne pouvais pas la supporter. J'étais très pris par mon travail et, chaque fois que je la voyais, j'étais agressif avec elle. Un lundi, je l'engueule parce qu'elle a de mauvaises notes en classe. Le mardi, je lui demande de tondre la pelouse, elle le fait mal, et le soir, je lui hurle dessus. Le mercredi, je la surprends en train de regarder la télévision dans le salon, je coupe brutalement l'émission et je branche celle que je veux. Elle me regarde fixement et s'en va dans sa chambre. À onze heures du soir, je passe devant et je vois un rai de lumière : j'ouvre la porte et je lui crie dessus parce qu'elle n'est pas couchée. Le lendemain, à huit heures du matin, je l'ai trouvée pendue à la fenêtre de sa chambre. » C'est tout.

Les jeunes sont extrêmement fragiles par rapport à l'amour. Il faut faire très attention quand ils aiment pour la première fois parce qu'ils aiment de façon kamikaze, définitive, en pensant que cet amour est pour toujours. Malheureusement, il le sera rarement.

Dans un monde ouvrier, très simple. Un jeune arrive à la maison, blanc comme linge : « Mais qu'est-ce que t'as ? » lui demande sa mère.

« Ma gonzesse m'a quitté… »

Le père et la mère regardaient la télévision et sa mère lui répond : « De toute façon, une de perdue, dix de retrouvées. »

Son père en rajoute : « De toute façon, elle me plaisait pas, ta gonzesse. »

Le mec part immédiatement dans la chambre de ses parents, récupère le pistolet de son père et se fout une balle dans la tête…

Immense est la fragilité des adolescents lorsqu'ils sont pris dans un étau que les parents ont oublié, car elle est loin, leur adolescence. La membrane des jeunes, leur colonne vertébrale, est beaucoup plus fragile qu'autrefois – pour des tas de raisons : la civilisation plus laxiste, la compétition plus dure, etc. – et leurs parents sont beaucoup moins présents. C'est comme cela que l'on arrive à des drames terrifiants.

Soyez là pour vos gosses !

Si vous êtes pris par des tas de choses, des problèmes conjugaux, des problèmes d'argent, des problèmes de travail, vous n'avez plus le temps de voir les signaux que vous envoient vos enfants, signaux dont certains sont infimes. Si vous êtes en éveil, vraiment, vous les verrez. Vous n'assumez plus parfois votre rôle de parents parce que vous êtes pris par beaucoup d'autres choses, surtout par les biens matériels. Alors un jour, votre gosse saute du onzième étage d'un immeuble, comme récemment dans mon quartier.

C'est effrayant. Un mec ne parlait plus avec son fils, plus de communication : le père était très pris. Le matin, le père se lève à sept heures et trouve son fils pendu à l'arbre juste devant le seuil de la maison. Trop tard.

Je dis aux parents : vous êtes dévorés par l'argent, vous voulez passer des vacances somptueuses. Mais les enfants s'en foutent ! Plus vous leur donnez d'argent, plus ils vous en demanderont. Car en recevant le billet que vous leur donnez, ils vous hurlent en silence : « Dialogue avec moi, t'es jamais là ! » Vous ne comprenez pas cet appel, vous croyez que l'argent va tout payer. Mais l'argent ne paiera jamais leur stress, leurs angoisses. Votre présence, c'est la seule chose qu'ils demandent. Ils hurlent : « Soyez là, écoutez-moi ! » Vous n'avez pas le temps, vous ne le prenez plus, vous êtes requis par des tas d'obligations. Réfléchissez : où est votre priorité ?

Mieux vaut une famille qui gagne peu d'argent, et en voilà un exemple. Un type était sous-directeur d'un supermarché et il dit à ses enfants : « Je suis nommé directeur mais j'aurai deux heures de moins avec vous par jour. Donc je refuse, j'aurai une paie moins forte, mais je resterai avec vous. » Ses enfants, ils sont tous brillants aujourd'hui.

Que le père soit ingénieur ou ouvrier, c'est indifférent. L'important, c'est la présence. Parce que cet espace de temps qui dure quinze à vingt ans, vous ne le retrouverez jamais. Et, manque de pot, c'est à ce moment-là que vous progressez dans votre métier : donc davantage d'argent et moins de disponibilité. Et pourtant ce sont des années de combats essentiels pour la famille, des années de soutien pour les plus fragiles de vos gosses.

Chaque enfant est différent

Je connais une fratrie de cinq enfants, dont l'un était délinquant. Je cherchais pourquoi. La mère m'a dit simplement ceci : « Je sais pourquoi Serge était perturbé : parmi mes cinq enfants, j'ai constaté qu'à la maternelle, il hurlait pendant des mois parce que je lui manquais. Il était plus fragile que les autres et j'ai continué à travailler. » Pour la petite histoire, il s'en est sorti. Il s'est marié, il a eu deux enfants. Mais il a divorcé, puis vécu avec sa mère jusqu'à la fin de ses jours. Il est revenu dans le giron.

Vos enfants sont différents. Le génie d'un couple qui est en éveil vis-à-vis de ses enfants, c'est de s'apercevoir qu'il y a une fragilité chez l'un ou chez l'autre. Donnez à ceux qui sont fragiles un temps dont les autres n'ont pas besoin. Parce que, si l'on élève une fratrie ensemble, chacun est un enfant unique. Et quand on est pris par des tas de choses et qu'on ne voit pas cela, on peut le payer très cher après.

J'ai eu la chance extrême de vivre au milieu d'une fratrie de quinze, avec un père et une mère qui nous ont acceptés comme étant différents et qui nous ont aimés différemment. Quand le soir mon père rentrait avec son vélo, il me faisait payer cher les conneries que j'avais faites et que ma mère lui avait rapportées (même si elle en biffait pas mal). Nous étions élevés comme des enfants uniques. Et un jour nous avons demandé à notre mère : « Comment avez-vous divisé l'amour ? ». Elle a simplement répondu : « Nous l'avons multiplié. »

Je comprends l'affolement des gens qui ont trois mômes actuellement et qui sont complètement paumés. Nous sommes dans une société matérialiste. La seule chose c'est : est-ce que l'enfant est prioritaire dans la maison ? Ou est-ce le métier ? Voilà l'enjeu actuel. Évidemment, quand le père est chômeur ou handicapé, c'est une autre affaire. J'ai beaucoup de tendresse pour ces cas où l'autre est obligé de travailler, sans choix possible.

J'étais à l'aéroport de Roissy, de retour de l'étranger, j'avais un rendez-vous important. Une femme me saute littéralement dessus, exige que je m'asseye et que je l'écoute. Elle arrivait de Londres. Elle me dit : « J'ai retrouvé mon fils. Ça faisait cinq ans qu'il ne voulait pas me voir, j'ai forcé l'entrée. Il a ouvert sa porte et il m'a dit : "Je te tuerai un jour. Tu n'as jamais été là, tu avais tes réceptions, etc. Je te hais. Dégage !" » Elle me demandait ce qu'elle devait faire.

Je lui ai répondu : « J'espère que la vie te remettra un jour sur le chemin de ton fils, mais ce sera très difficile de rattraper le temps que tu n'as pas donné. » Peut-être, quand il aura lui-même des enfants, il retrouvera sa mère. Puisse ce jour arriver.

« Il s'amuse, il adore ça »

À peine ai-je attaqué le hors-d'œuvre que l'assaut commence ! Ils ne me font pas mal, ces coups de pied dans mes tibias sous la table. Ils m'agacent simplement et je le lui dis. Ses yeux culottés de six ans à peine se plantent dans les miens et… il renverse mon verre de pinard sur la nappe. Je m'adresse alors à mes amis avec qui je partage le repas : « Votre lardon, à force de tout lui laisser faire, un jour il vous pissera sur la tête et vous obligera en prime à le remercier. »

Ils rient d'un air gêné et essuient la tache de vin. Au bout d'un moment, le marmot part brusquement jouer au salon, me laissant maître du terrain. Il était temps. Il a dû lire dans mon regard : un seul petit pois de plus balancé dans mon assiette et il avait droit à une baffe ecclésiastique…

À ce propos, je me souviens de cette histoire. Un enfant de trois ou quatre ans martelait les vieilles jambes d'une dame. Naturellement cela la dérangeait. Elle s'adresse alors à la mère :

« Pourriez-vous dire à votre enfant de cesser son jeu ?

– Il s'amuse, il adore ça », lui répond la mère.

C'est alors qu'un jeune adulte qui se trouvait derrière la banquette, et qui avait écouté la conversation, renverse une partie de sa bouteille de Coca sur la tête de la mère.

Décontenancée, celle-ci sursaute :

« Mais enfin, que faites-vous ? »

– Je m'amuse, madame, j'adore ça… »

Copains, pas toujours

Être « à tu et à toi » avec son père ou sa mère n'est pas bon. On peut être copains par moments, mais dès qu'il y a une mesure éducative à prendre, il ne faut plus l'être ! Si on désacralise tout, c'est la vie même qui est atteinte. Un jeune qui n'a pas de limites n'a plus rien à perdre. Quel que soit son milieu. C'est là qu'il devient dangereux.

Peut-être connaissez-vous ce mot de Jean Dutourd : « Je suis le camarade de mon fils, nous parlons d'égal à égal : il m'engueule et me traite de vieux c… C'est une réussite éducative dont je suis fier. » Moi, je ne trouve pas. Copain parfois, d'accord, mais père toujours ! Retournez en amont. Donnez-lui des repères. Donnez-lui des idéaux. Ayez des mesures éducatives fortes.

Nous manquons de parents adultes. De parents qui montrent l'exemple. La jeunesse, dans son désir de s'affronter à ceux qui doivent être autant cœur que roc, est malade d'entendre : « Fais ce que tu veux. C'est toi qui décides. » Tous m'ont dit un jour qu'ils avaient besoin de quelqu'un qui leur dise : « Arrête ! » Ils ont besoin de règles. Ils veulent du solide sur quoi s'appuyer. Ils veulent des parents tendres, compréhensifs et… intraitables !

Rap'tout

Tous les vendredis de fin du mois, je vais à la Bergerie de Faucon, ce lieu de vie que j'ai créé avec des jeunes en Haute-Provence. Quand ils viennent me chercher à l'aéroport, mes jeunes ont mis un CD de rap. Je l'écoute de gré et de force. À m'en bassiner.

Dans les paroles qu'ils me pressent d'écouter, il y a toujours un mec qui fume un joint, une nénette qui se fait baiser, un flic qui est un enculé et la justice qu'il faut niquer parce que c'est une pute. Pendant que le jeune écoute ça, toi, le parent ou la belle pomme d'éducateur, où en es-tu de ton travail de fond ?

Comment voulez-vous que les jeunes assimilent les règles de la société ? Comment voulez-vous les interpeller dans leur conscience de citoyens ? Allez leur inculquer qu'ils entrent dans un État de droits et de devoirs s'ils entendent du matin au soir : « Je rêve de loger une balle dans la tête d'un flic ! »

Certains adultes jeunistes ou affublés du syndrome de Peter Pan (ce personnage qui ne vieillit jamais) prêchent que tout cela est à prendre au quatrième degré. Soit ! Mais le môme qui, dès l'enfance, entend de telles incantations, les prend, lui, pour argent comptant.

Notre monde demande des adultes. C'est très important pour nos jeunes. Ils n'ont pas besoin d'adultes qui jouent au miroir pour leur plaire.

L'adulte qui cherche à jouer au jeune se plante gravement. Il y a un assez grand danger dans la culture française d'aujourd'hui : le caractère « adolescentrique » de l'adulte. L'adulte doit plutôt être le témoin auprès des jeunes des différences qui séparent les générations.

Des convictions, des certitudes

L'éducation oscille toujours entre autorité et compréhension. Pas d'autorité écrasante, infaillible. Pas de démission non plus sous prétexte que « la liberté fait grandir », personnalise, responsabilise. Les enfants doivent sentir une poigne solide, des convictions.

Plus que jamais, le jeune a besoin de se mesurer aux certitudes de l'adulte. Certitudes qu'il cherche et vérifie d'abord en lui. Le jeune n'attend pas que vous soyez du même avis que lui. Il veut votre avis. Il triera ensuite.

S'il lui arrive de vous débiter des affirmations plus monumentales que les pyramides d'Égypte, c'est pour mieux vous provoquer. Il adore ça. Sa jeune expérience d'adolescent aux opinions changeantes est d'abord le fruit d'un vécu immédiat qui le fait réagir. Il en sent bien la fragilité. S'il conteste votre expérience, il a soif, paradoxalement, de la connaître. Et s'il conteste tout ce que vous lui dites, par contre, il ingurgite comme un magnétophone tout ce que vous faites et, surtout, ce que vous êtes.

Je me sais indépendant, le caractère affirmé ; avec une éducation permissive, ces qualités seraient devenues, j'en suis sûr, des tares que j'aurais trimballées toute ma vie sur des chemins incertains.

Tant de jeunes actuellement s'enlisent dans les mirages où les ont poussés leurs parents, leur offrant la porte ouverte aux quatre vents du laisser-aller, de la démission, ou du facile : « À toi de voir ! »

Alors, loin de fustiger leurs valeurs qui sont grandes, authentiques, parlez-leur des valeurs traditionnelles qui paraissent à tort « rétro », voire « réac », alors qu'elles restent des repères solides parce que bâties sur l'effort, le respect, la tolérance, l'honnêteté, la franchise et la fidélité.

De la poigne, donc, des convictions, mais le tout baignant dans une volonté de dialogue inlassable.

Je me rappelle mon enfance où, le soir, nous, les quinze marmots, faisions à tour de rôle le ménage et la vaisselle avant de nous coucher. L'effort, le goût du travail bien fait, l'obéissance dans le dialogue avec nos parents m'ont laissé des traces indélébiles.

Vous dites « C'est fatigant de fréquenter les enfants ! »
Vous avez raison.
Vous ajoutez « Parce qu'il faut se mettre à leur niveau, se baisser, s'incliner, se courber, se faire tout petit ! »
Là, vous avez tort.
Ce n'est pas cela qui fatigue le plus.
C'est plutôt le fait d'être obligé de s'élever jusqu'à la hauteur de leurs sentiments, de s'étirer, de s'allonger, de se hisser sur la pointe des pieds pour ne pas les blesser.

Janusz Korczak

Comment en faire un délinquant

• *Donnez-lui tout et tout de suite.*

• *Ne lui dites jamais « non ». Ça le traumatiserait.*

• *Ne le punissez pas. Ou si vous cédez un jour à la tentation d'une punition, retirez-la tout de suite, avec une excuse et un gros bisou sur le front.*

• *N'épargnez surtout pas la société où il vit. Il adore trouver tout stupide, idiot, inutile et destructeur. Ne relevez jamais ce que la société a de bon.*

• *N'ayez pas peur de vous disputer entre vous, parents, en sa présence. Le jour où vous vous séparerez, ça ne l'étonnera pas. Il y sera depuis longtemps préparé.*

• *Dites-lui bien, si vous vous trompez, que c'est la faute des « autres », jamais la vôtre. Il apprendra vite que la société et les autres porteront la responsabilité entière de tout ce qu'il fera de mal.*

• *Laissez-le appuyer jour et nuit sur le bouton de la télé ou d'internet. Vidéo et sono occuperont son cœur et son esprit.*

• *S'il insulte un professeur qui l'a foutu à la porte de la classe, allez voir tout de suite cet éducateur répressif et dites-lui, devant votre enfant, tout le mal que vous pensez de son abus de pouvoir.*

• *Ne lui donnez aucune formation morale ou spirituelle. Ce sera à lui de choisir quand il sera majeur.*

• *Ne lui demandez jamais de service à la maison et,*

quand il a les pieds sous la table, écoutez attentivement ses critiques sur le menu.

• *Se vautre-t-il à dix-huit ou vingt ans sur le divan, en refusant tout travail? N'intervenez pas. Il a encore besoin de la chaleur du foyer.*

• *Dites-lui qu'il ne trouvera pas de travail à cause des étrangers qui lui boufferont son pain.*

• *Donnez-lui de l'argent de poche. S'il en avait moins que ses copains, quelle humiliation pour lui !*

• *Si vous constatez que votre portefeuille a été « allégé » de quelques billets, si l'alcool disparaît mystérieusement chez vous ou si les cendriers sont toujours pleins, ne dites rien ! C'est un mauvais passage…*

• *Si un jour la police vous téléphone pour que vous veniez au commissariat parce que votre enfant a de la drogue sur lui ou vient de faire un cambriolage, dites simplement : « C'est son problème », et essayez de vous souvenir de tout le mal que vous pensez de ce fils ou de cette fille dont vous n'avez jamais rien pu tirer…*

Parents rocs

Une militante m'expliquait un jour qu'elle était écartelée entre ses trois enfants en bas âge, son rôle dans le synode diocésain, sa mission de catéchiste et Amnesty International. « Ton mec et tes lardons d'abord. Tout le reste après ! » fut ma réponse.

Je déteste dire à quiconque ce qu'il doit faire, sauf quand l'évidence est aveuglante et que l'urgence est là. Alors ma réponse jaillit. Les nuances, c'est l'autre qui les mettra après. J'ai vu trop de couples de militants ou d'hommes « d'affaires » au bord de la rupture conjugale, avec des enfants angoissés, perdus, parce que les soirées de ces mômes étaient emplies de l'absence de leurs parents.

Un couple de militants me disait un jour que leur ado s'était mis à voler, agresser et dealer depuis deux ans. À leur barbe. Ils n'avaient rien vu !

Je suis atterré de voir combien de parents ne connaissent plus leurs enfants. Ça ne se pas fait du jour au lendemain, mais très lentement, par manque de gestes, de paroles et de présence. Nous cherchons souvent la brebis perdue loin de chez nous, alors qu'elle est sous notre toit : l'enfant avec qui nous vivons, et qui ne ressent plus l'amour, qui est paumé, qui s'en va doucement.

Donc, je laissais la parole de ce couple de militants aller son chemin. « On l'aime beaucoup »... « Il ne manque de rien » , me disaient-il. Une fois dévidés tous les clichés habituels réservés aux enfants de ce siècle, j'interrogeai le père : « Tu es maire de ton village, tu es infirmier, animateur de la communauté chrétienne et je ne sais quoi encore. Quand as-tu le temps d'écouter ton gosse ? »

Le silence qui suivit fut éloquent. Je ne pus qu'ajouter : « Mon vieux, il est encore temps. Ton fils a seize ans. Quand tu l'as conçu, vous en avez pris, avec ta femme, pour vingt ans. Il vous reste quatre ans pour écarter de votre chemin tout ce qui peut l'empêcher de grandir grâce à vous. »

Régulièrement des colloques internationaux réunissent de nombreux chercheurs travaillant sur la violence scolaire. Chaque pays apporte ses statistiques en « chiffres noirs ». Les uns mettent en avant le « harcèlement entre élèves ». Les autres, les « incivilités ». D'autres encore ciblent les « jeunes à risques ».

Ce gosse, terreur de ses copains qu'il rackette, n'est-il pas le portrait craché de son père qui, chaque soir, en rentrant chez lui, le bat régulièrement, ainsi que sa femme ? Habituellement, la violence scolaire naît de ce qui se vit à la maison. Ce jeune me dit un jour : « À la maison, c'est le plus fort qui gagne. Pour l'instant, c'est mon père. » En attendant, c'est le jeune qui gagne à l'école ! À chacun son terrain.

Cet ado, qui ne peut s'empêcher de vandaliser les cabines téléphoniques, me confie un jour : « Je n'ai personne à appeler et à qui parler. »

Ne dit-on pas que les enfants sont les « symptômes des parents » ?

Les parents rient jaune

Quels délicieux moments je passais au Québec, où je donnais des conférences ! Avant ma prestation, j'avais droit à trois quarts d'heure d'écoute pendant lesquels les jeunes exprimaient leurs problèmes dans des sketches. Un régal !

Un soir, un blondinet de onze ans, éveillé et marrant, déclama :

« Lundi soir, papa et maman vont à un mouvement de la paroisse. Ce sont de bons chrétiens. Ils font leurs exercices spirituels.

« Mardi soir, ils font leur entraînement physique. Ils sont trop gros, ça les fait maigrir.

« Mercredi, ils vont ensemble voir un “psychologue”. Paraît qu'ils discutent avec lui pour savoir comment il faut parler avec moi.

« Jeudi, ils vont préparer la messe du dimanche soir.

« Le week-end, on part dans le bungalow à la campagne. On peut pas discuter, ils sont fatigués par le travail de la semaine ! »

La salle de jeunes s'esclaffait.

Les parents riaient jaune.

À chacun sa part de mystère

Combien ai-je reçu de lettres de parents paumés qui me disaient ne plus rien comprendre au vilain petit canard qui les bousculait dans leur couvée de poussins !

« On l'aime comme les autres, mais il est si différent !... Il a toujours été étrange. On ne sait comment réagir avec lui... Très tôt, il a donné des signes qu'on n'a pas eu l'esprit de comprendre. »

Chaque enfant est unique, avec sa part de mystère, son originalité, ses exigences particulières. Aimer en vrac ses enfants sans avoir cette attention qui les différencie, ce regard qui essaie de comprendre, cet amour qui s'adresse à chacun dans sa différence, peut provoquer à la longue tensions, déchirures. Et parfois des situations dramatiques.

Pour personnaliser, il faut avoir du temps, beaucoup de temps. Souvent l'enfant devient adolescent au moment où le père grimpe l'échelon social. Ce dernier, de plus en plus accaparé par son travail, a de moins en moins le temps d'être présent dans le nid. Alors l'enfant aura sa mère comme seule interlocutrice. C'est bien, mais le besoin du père, souvent absent, peut précipiter l'ado dans sa dérive.

S'il est un choix que les parents ne font pas souvent, c'est bien celui de l'évolution de leur carrière par rapport aux problèmes que cela va poser à leurs enfants. À une époque ouverte à tous les vents culturels, moraux et spirituels, si vous prenez le temps, votre enfant sera riche. Les dérives dangereuses, patiemment montrées du doigt, leur indiqueront, dès leur plus jeune âge, qu'on ne peut pas tout vivre ni tout faire. Et que certaines expériences sont à proscrire à l'adolescence. C'est là que se situe votre combat d'aujourd'hui.

Heureux le couple qui n'a pas peur de refuser de « grimper dans l'échelle sociale », de renoncer à un salaire plus important… pour rester présent. Même en difficulté, les familles ont des ressources pour réagir, stopper les dérives, revigorer, sans forcément recourir à un spécialiste. À condition d'être suffisamment attentif pour détecter les signes imperceptibles qui mettent en alerte : une attitude louche, un enfermement sur soi.

Je connais un jeune qui avait de gros problèmes parce qu'il ne parlait jamais avec sa mère. Un des plus beaux moments que j'ai vécus avec lui, ce fut le jour de ses dix-sept ans, quand elle a posé sa main sur son épaule, sans un mot. Ça l'a transfiguré. Combien de fois avais-je dit à cette femme : « Parle-lui, à ton fils. » Elle me répondait : « Je ne sais pas lui parler. » Alors elle a eu ce beau geste de confiance.

Vous aussi, posez votre main sur son épaule.

Perte du sens

Les parents recherchent activement pour leurs mômes des pédopsychiatres, des psychanalystes et autres thérapeutes. À la vitesse où nous fonçons, dans vingt ans, il faudra que des hordes de « psys » se penchent sur le lardon dès l'accouchement. Auriez-vous, parents, perdu à ce point l'instinct de protection, de tendresse et de présence pour demander aux autres ce que vous n'avez pas su donner naturellement ?

Je suis toujours étonné de voir combien des adultes ont perdu toute communication avec leurs adolescents. «Avec mes vieux, on ne se parle pas. Sauf pour les résultats scolaires ou l'argent de poche. Mes parents sont très pris... Ma chambre, ma télé, mon ordinateur, c'est ma famille ! Mes parents sont nés sans oreilles. » Pris par bien trop de choses, ils oublient le dialogue, cette priorité absolue.

Enfants, obéissez à vos parents, selon le Seigneur, car cela est juste.
Honore ton père et ta mère [c'est le premier commandement suivi d'une promesse],
Afin que tu sois heureux et que tu vives longtemps sur la terre.
Et vous, pères, n'irritez pas vos enfants, mais élevez-les en les corrigeant et en les instruisant selon le Seigneur.

Éphésiens VI,1-4

Silence ! on vit

« Les âmes se pèsent dans le silence, comme l'or et l'argent se pèsent dans l'eau pure, et les paroles que nous prononçons n'ont de sens que grâce au silence où elles baignent », écrivait Maurice Maeterlinck. Comment voulez-vous élever vos jeunes dans la paix et dans la joie s'ils grandissent dans le bruit, dans le chaos des médias ? Scènes d'horreur, de guerre, d'épouvante, voire pornographiques…

Aux plus jeunes, je dis : « Maîtrise ton œil. »

Il est dit dans l'Évangile : « Si ton œil t'entraîne dans les péchés, arrache-le.» C'est une façon de dire : « Prends conscience de ce que tu vois à la télévision et sur internet. » Il est dit aussi dans l'Évangile : « Si tu as une mauvaise démarche, coupe-toi la jambe ! » Cela te suggère de réfléchir au lieu de courir faire une bêtise...

L'une des pires saloperies qui sont faites aujourd'hui aux gosses est le bruit infernal qui emplit leur vie. Et partout. Une famille peut habiter dans la plus silencieuse et bucolique des maisons, et vivre l'enfer du bruit. Les gadgets sont là, s'incrustant partout : télés, chaînes hi-fi, jeux vidéo, internet, mp3.

Le pire est qu'on s'habitue à ce poison !

La création est faite de silence et de contemplation, pas de bruit et de fureur. À la Bergerie, nous interdisons totalement à nos jeunes les sonos puissantes. À l'extérieur comme à l'intérieur de la maison. Ce serait détruire le silence de la nature. Au début de leur séjour, cette contrainte les dérange très fortement. Quand ils apprennent que la première boîte de nuit est à soixante-dix kilomètres, ils poussent des cris d'orfraie ! Et quand je leur dis que le premier bureau de tabac est à cinq kilomètres... c'est l'attaque cardiaque.

Mais l'interdiction est nette et motivée. Voir le jeune grandir dans cette dimension de silence et de beauté est une chose incomparable.

Un espace de vérité

Le bruit est une culture de mort. Il efface tout désir de se mettre en face de soi. Il biffe ce qu'on a de plus précieux : son propre espace de profondeur et de vérité.

Combien de jeunes sont paumés par manque de spiritualité, donc de silence ! À vous, adultes, d'apprécier assez le silence pour le leur enseigner... Chouette, par exemple, de décider en famille de prendre, de temps à autre, un moment de silence absolu à la maison. Communion garantie. Dieu ne se love que dans le silence. Toi, l'adulte, fuis la plage bondée de monde pour te nicher sur un rocher avec tes mômes et dis-leur : « On se tait, les gosses. Regardez le soleil se coucher. »

Ils découvriront, avec le bruit du vent, la plus belle part d'eux-mêmes.

Certains de nos jeunes sont intrigués par le fait que je puisse prendre deux jours de silence absolu tous les dix jours.

Une fois, l'un d'eux me dit : « Moi aussi, Guy, je vais prendre du silence. » Je l'ai vu partir avec son sac à dos. On avait l'impression qu'il allait en expédition à l'Annapurna ! Deux heures après, il revenait. « Guy, me dit-il, ce silence, ça me tue. »

Quelques mois plus tard, il réussissait à passer une journée entière dans la forêt. Le silence, ça s'apprivoise. Votre gosse a peur du silence parce que tout est fait pour qu'il en ait peur. Ces valeurs spirituelles et morales, pour qu'il les découvre, il faut le mettre en appétit.

À partir du moment où il sera accro au silence, vous pouvez être sûr qu'il deviendra un type de grande valeur. Plus il incubera jeune le silence, plus riche il sera. Et s'il garde la montagne et la forêt dans son cœur, en revenant de vacances, alors il sera un militant du silence.

Le temps du dialogue

Je répéterai inlassablement : « Quand ils sont dans le nid, c'est le temps du dialogue. » Il faut donc être assez disponible pour aller à l'essentiel. Dialoguer n'est pas forcément parler. Des gestes, des regards, un moment de sport ensemble, des instants de détente suffisent. Les vacances sont le moment privilégié.

Et puis, sabotez cette putain de télévision pendant les heures des repas. La télévision est une rupture de communication déterminante. Le jeune a sa chaîne hi-fi, son walkman, ses jeux vidéo, sa télévision et internet dans sa chambre. Avec ça, toute son enfance et son adolescence vont s'écouler, meublées par des objets qui ne sont pas source de tendresse, mais des outils de communication virtuelle dans lesquels il va se perdre.

Vous pouvez habiter la plus isolée des campagnes, si votre maison est investie de ces gadgets, la rupture du dialogue sera aussi forte que dans le quartier le plus bruyant de Paris. Gérez avec vos gosses l'accès à la télévision. Certains programmes idiots, violents, voire porno, sont des freins à votre évolution et à celle de vos enfants.

Seigneur, transforme-moi en poste de télévision !

Seigneur, Toi qui est bon et qui protèges tous les enfants de la Terre, je désire Te demander une grande faveur.

Transforme-moi en poste de télévision pour que mes parents aient autant de soin pour moi qu'ils en ont pour lui.

Seigneur, pourrais-Tu faire que maman me regarde avec la même attention qu'elle a pour son feuilleton préféré, et papa avec le même intérêt qu'il a pour son journal télévisé ?

J'aimerais que, comme le journaliste, on ne me reprenne pas quand je fais des fautes de diction. Je voudrais parler comme un présentateur. Quand il s'exprime, toute la famille fait silence. On l'écoute avec attention, sans l'interrompre, alors qu'à mes propres réflexions, on me réplique: « Tais-toi donc… »

Je voudrais sentir à mon encontre les mêmes préoccupations que celle de mes parents lorsque le poste est en panne et qu'ils appellent aussitôt un réparateur.

Je vais bientôt avoir un petit frère. Que mes parents ne fassent pas avec moi comme avec le vieux téléviseur qu'ils ont mis au rancart et qu'ils ne regardent même plus.

Je voudrais être comme lui, le meilleur compagnon de mes parents et leur héros préféré.

Seigneur, transforme-moi en téléviseur, même seulement pour une journée !

Discuter, contester, approuver

Avant, les grands-parents transmettaient leurs valeurs à leurs enfants qui, à leur tour, les imposaient à leur progéniture. Sans discussion possible. On faisait le bien qu'on nous disait de faire. On évitait le mal qu'on nous désignait du doigt.

Les jeunes, aujourd'hui, ont de multiples autres références qui ne sont pas toutes détestables, loin de là. Elles sont simplement autres, d'où la bataille rangée à la maison sitôt qu'on veut en discuter. Aux parents de s'armer d'un casque de combat et d'une panoplie adéquate pour se préparer aux assauts répétés de leurs petits qui sont aujourd'hui soumis à toutes les influences extérieures.

Aux « J'ai vu à la télé »... « Ma maîtresse m'a dit » s'ajoutent les messages des films et les textes de chansons, sans oublier internet qui est, pour certains, le fin du fin de l'information et de la découverte. Les jeunes digèrent ça avec un appétit formidable et en retirent des principes virtuels à l'éthique douteuse ! Ce qui fait qu'à la maison, lorsque les parents rentrent, il y a une distorsion. En supposant que vous soyez peu présents ou que vous vous disputiez, ce seront les critères virtuels qui l'emporteront.

Discuter, approuver, contester est le lot des parents d'aujourd'hui. Il faut du temps pour ce combat-là.

Beaucoup de temps. Les parents restent au hit-parade de l'éducation dès que l'enfant apparaît. S'ils ne s'en soucient pas, alors leurs enfants pousseront seuls, sans racines, et seront en plein désarroi.

La « roc attitude »

L'adolescent est intarissable sur ses droits, mais si vous lui parlez de ses devoirs, il fait la sourde oreille.

Ne prononcez jamais sans ménagement le mot « devoir » devant vos adolescents. Vous risqueriez de les voir s'enfermer dans un mutisme alarmant ou tomber en syncope. Pire ! Frôler la dépression nerveuse… En revanche, si vous leur parlez de leurs droits, alors leur visage s'illuminera. Tout leur est dû et leurs droits s'avèrent sans limites.

Trêve de plaisanterie. Le fameux « Il est interdit d'interdire » de Mai 68 a déjà balayé deux générations. Avec le risque majeur de voir nos petits, issus de cette maxime pernicieuse, pousser sans foi ni loi. Revendiquant leurs droits, biffant leurs devoirs. Soyons sérieux : « Faire ce que l'on doit faire » est une aventure humaine prodigieuse. Elle est ceinturée dans vingt-quatre heures. Impossible d'échapper à ce temps si minuscule, et pourtant riche de mille gestes.

La pédagogie la plus belle que l'on puisse élaborer avec des adolescents, c'est la confiance. C'est très important. Le môme que je reçois à la Bergerie pour la première fois a le regard d'un petit taureau en chaleur et les nerfs à fleur de peau. Il se dit en me voyant : « Qui est ce vieux schnock avec son blouson et ses cheveux longs ? »

Dans les trois minutes qui suivent, il a compris à qui il a affaire. Mon parler est ferme et net. S'il veut jouer aux durs, je lui rappelle que j'ai quatre cents demandes par an et que je consens à m'occuper de lui en priorité. Je lui demande : « Voudrais-tu au moins respecter la personne qui te sort de là, c'est clair ? Si t'es pas d'accord, tu te casses, tu me fais pas chier en me faisant perdre mon temps. »

En général, ça le calme. Le gosse prend immédiatement conscience qu'il a une autorité en face de lui et la confiance, qu'il n'a pas en arrivant, s'affirme de jour en jour envers nous.

Sécuriser nos adolescents est un point essentiel. Ils ont besoin d'une parole d'adulte. On se fiche qu'ils soient d'accord ou pas. Il s'agit de leur dire qui nous sommes et ce que nous voulons, si nous approuvons ou non leurs actes. Nous devons leur offrir cette prise. Ils nous demandent souvent notre avis. Trop de parents ont des paroles insécurisantes, sans même s'en rendre compte. Il faut dire ce que l'on pense. C'est de plus en plus important.

> *Une bonne parole est comme un bon arbre dont la racine est solide et dont les branchages vont jusqu'au ciel. Il donne ses fruits en chaque saison.*
>
> Coran (XIV, 29-30)

La voie du « devoir »

Repousser à demain ce qu'on a envisagé de faire aujourd'hui est toujours source de faiblesse et de lassitude.

En rejetant dans l'avenir ce qu'on a projeté de faire dans le temps présent, on ne construit qu'une personnalité bancale. Parce qu'on tente de rattraper sans cesse son manque de rigueur.

Les jeunes sont de ce point de vue souvent atrophiés. À Faucon, les « J'ai pas envie » (pour tout) ; « C'est fatigant » (pour les travaux de la ferme) ; « C'est toujours la même chose » (pour la vaisselle notamment) sont l'occasion de batailles rangées, montrant combien leur éducation a été sabordée.

Jamais je ne remercierai assez mes maîtres de s'être acharnés à me montrer la voie du devoir. Voie exigeante, mais royale. Le devoir accompli rend maître de soi et libre au-delà de l'imaginable.

Allez, parents, décrochez votre tenue de combat et apprenez à vos petits, jour après jour, la beauté du devoir accompli !

Tous responsables

Dire à un enfant qu'il est victime de la violence sociale est insuffisant. La société a sa part de responsabilité dans la violence, d'accord ! Mais entretenir le jeune dans cette idée est le déresponsabiliser, c'est justifier ses actes.

On parle de démissions des parents, il faudrait également parler de la démission des citoyens. En France, le citoyen moyen n'interviendra pas auprès d'un enfant qui n'est pas le sien. Dire sa façon de penser à un enfant qui casse une bouteille sur le trottoir, le citoyen de France ne le fait pas. Il passe… Si dans toutes les villes de France les gens s'intéressaient davantage aux mômes des autres quand ils commettent un acte délictueux, il y en aurait infiniment moins, parce que les jeunes craindraient un peu plus la réaction des adultes au lieu d'avoir un sentiment d'impunité.

Incohérence

Nous vivons dans un monde incohérent. Les adultes critiquent les adolescents et leur reprochent mille défauts qui ne sont souvent que le reflet de leurs propres incohérences.

Si nous revenons en arrière, nous constatons que les idéaux de nos parents coïncidaient avec les valeurs dispensées à l'école. Il y avait une grande harmonie entre l'école et le milieu familial. Progressivement, tout a sauté. Les valeurs sous-jacentes des émissions de certaines radios, de certains types d'émission TV les contredisent. Ce n'est pas ce qui peut les faire le mieux progresser sur le plan affectif et psychologique, ni sur le plan social et citoyen. L'incohérence de certaines valeurs affichées est omniprésente.

Plus grave encore, il y a le chômage, les difficultés économiques, l'injustice sociale. Les adultes se fichent un peu de l'insertion des jeunes dans le monde du travail, ils dépensent surtout beaucoup d'énergie à défendre leurs « acquis ». Il faudrait aussi commencer à prendre conscience des effets du chômage des parents sur l'éducation des enfants. Les parents sont décrédibilisés. Un ado ne regarde pas son père chômeur d'un bon œil. L'autorité parentale est minée de l'intérieur par le chômage.

Si la jeunesse d'aujourd'hui a tant de mal à s'affirmer, c'est que l'adulte lui impose des certitudes que lui, le parent devant donner l'exemple, ne vit pas toujours. La force tranquille d'un adulte affirmant ses convictions et les mettant en pratique, marquera l'adolescent à vie. L'adolescent ne se construit bien que dans ce merveilleux miroir qu'est pour lui le regard de l'adulte. À condition, bien sûr, que ce miroir réfléchisse la lumière de la cohérence : une parole qui colle à sa vie.

Ils écoutent tout, assimilent tout, mais ne digèrent pas nos incohérences. Les jeunes ont soif d'adultes vrais. Ils ont l'art de repérer nos hypocrisies. Face à ce qui bouillonne en eux de rêves fous et de difficultés à les réaliser, ils admirent plus que tout une parole qui colle à la vie. Vos vies doivent être l'étincelle qui illumine leurs rêves.

Quand on sait leur engouement pour les témoins prestigieux de notre siècle, que ce soit Che Guevara, Nelson Mandela, Jean-Paul II, l'abbé Pierre ou Mère Teresa, on comprend leur soif d'une parole soudée à la vie.

Pour obtenir une famille savoureuse

Une mesure bien tassée d'amour vrai,
Beaucoup d'écoute et de compréhension,
Une bonne dose de disponibilité
Mélangée à quelques grammes de douceur et de calme.
Ajoutez un rien de fermeté.

Cherchez un peu de bonne volonté.
Assaisonnez avec de la droiture et de la sincérité
Afin de conserver le bon goût de la vérité.

Râpez les désirs égoïstes,
Les brusqueries et les impatiences.
Faites fondre votre orgueil et votre suffisance.

Trouvez dans vos réserves quelques grains de foi inébranlable,
Une espérance sans conditions,
Saupoudrez de tendresse.

Faites revenir à la surface
Des tranches entières d'accueil et de partage.
Additionnez de dialogue, menus services,
Mercis bien placés, don de soi sans retour.
Laissez mijoter longtemps dans la patience.

Avant de présenter, flambez dans la joie
Et, si possible, dans un grand élan de prière.
Complétez par un petit verre d'humour.

Être père

Je le constate, les jeunes ont la colonne vertébrale fragile. Souvent ils ne tiennent pas debout. Plus que jamais ils ont besoin de règles. C'est ce qui leur manque. Les « non » ne sont pas assez forts, voire inexistants.

Mon père nous inculquait des valeurs fortes. Cela a construit et conduit notre vie sur des bases solides et durables.

Le père doit montrer la loi et la faire appliquer. Il donne les codes de conduite. La mère les accepte ou les tempère. Tout se joue à la maison dans cette dynamique. Tout couple se doit d'endosser un double rôle : l'un ministre de l'Intérieur, l'autre ministre de la Miséricorde. Deux ministères indispensables de la cellule familiale. Si le père est absent ou indifférent, la mère se débattra comme elle le pourra, et les enfants paieront.

Le rôle du père consiste à aider l'enfant à grandir, à accéder à son autonomie en rompant la fusion, voire la confusion, qu'il peut entretenir avec sa mère. La mère a porté l'enfant durant neuf mois, elle est totalement prioritaire au départ, et toute-puissante : le père est là pour équilibrer la relation.

Jean-Paul II avait demandé de méditer la paternité de Dieu. Jésus-Christ parle de celui qui l'a envoyé avec ce simple mot : « Mon père. » Il y revient sans cesse. Appeler Dieu « père » , comme Jésus le fait, c'est accepter nous-mêmes d'être arrachés progressivement à tout ce qui nous enveloppe pour accéder à notre pleine stature de fils ou fille de Dieu.

Je n'insisterai jamais assez sur l'importance du couple roc qui prépare le jeune à la belle aventure de la vie, à l'amour, à faire son nid et à y couver… dans son nid, évidemment, pas dans celui d'un(e) autre comme le fait le coucou.

Nous sommes des passeurs, à l'image de Dieu le père, et du fils qui est le passeur du père. De même que la foi ne se transmet pas toute seule, la paternité doit être partagée avec d'autres pères qui sont des relais.

Sacralisation du père

Quand un jeune me dit du mal de son père, je lui réponds toujours : « Ne parle pas comme ça, c'est ton père, quoi qu'il en soit. Avec ta mère, ils t'ont donné la vie. »

J'ai eu longtemps à m'occuper d'un jeune qui haïssait son père. Que lui répondre ?

« Écoute, lui disais-je, tu ne deviendras père toi-même que le jour où tu te seras réconcilié avec ton propre père. Sinon tu pars bancal, tu ne seras jamais mieux que ce père que tu critiques. Pour être un vrai père à ton tour, il te faudra toujours un espace de pardon. »

Je me souviens de mon père spirituel au séminaire. Il m'écoutait, puis il dégageait les points précis auxquels je devais réfléchir. Quand il approfondissait ces points avec moi, c'était superbe. C'était une lumière, il me donnait une main et donnait l'autre à Dieu.

Une réponse douce calme la fureur. Mais une parole dure excite la colère.

Le Livre des Proverbes

Divorce et précipice

Le père est le premier à faire les frais de la fragilisation du lien conjugal. Après le divorce, beaucoup de pères sont, hélas, privés de l'exercice de la paternité. Or l'enfant a besoin d'un père et d'une mère. Il ne peut se construire de façon cohérente sans référence aux deux sexes.

Certains parents me disent qu'ils se sont séparés mais que tout va dans le meilleur des mondes pour leur enfant. OK ! Mon propos n'est pas de culpabiliser les divorcés. Sauf que moi je l'écoute, le môme. Et il me dit quel précipice s'est ouvert sous ses pieds ce jour-là et combien il se sent perdu. Les enfants distendus, écartelés sont nombreux. J'en rencontre souvent. Leurs cris de souffrance m'atteignent en plein cœur.

Nos petits nous regardent et enregistrent. Un jeune ado de dix-sept ans me confiait dernièrement : « J'aime une gonzesse. Je l'aimerais bien pour la vie, et elle aussi. Mais nos parents et nos grands-parents sont divorcés. Alors tu comprends… »

Plus que jamais nous devons préparer nos jeunes à ce qui illuminera toute leur vie. Une préparation humaine et spirituelle forte ne sera pas de trop pour qu'ils croient que le bonheur conjugal n'est pas un rêve irréalisable. À vous, parents et couples, de leur montrer que l'amour fidèle existe.

Cohérence, cohérence toujours. On fait baptiser ses enfants et on ne va même pas à la messe ! Comment voulez-vous alphabétiser vos enfants dans une religion où le dimanche est un jour sacré, si vous n'y allez pas avec eux ? On dépose ses gosses au catéchisme comme à une garderie, et on se casse…

Priez avec eux.

Conte perse

On demandait un jour à un homme connu pour être sage : « Tu as de nombreux enfants, quel est ton préféré ? »

L'homme répondit :

« Celui de mes enfants que je préfère, c'est le plus petit jusqu'à ce qu'il grandisse.

« Celui qui est loin, jusqu'à ce qu'il revienne.

« Celui qui est malade, jusqu'à ce qu'il guérisse.

« Celui qui est prisonnier, jusqu'à ce qu'il soit libéré.

« Celui qui est éprouvé, jusqu'à ce qu'il soit consolé. »

Soyez des antihéros

Parents, dans votre volonté de vous montrer forts, ne vous « la pétez pas » non plus ! Les jeunes n'ont pas besoin de supermen ou de héros, mais d'« antihéros ». Plongés dans une société de consommation, ils voient dans le héros celui qui est devenu milliardaire de la raquette ou du micro, ou, pourquoi pas, le jeune de la cité enrichi par ses trafics, qui roule en BMW. Ils ont besoin de gens qui les hissent au-dessus d'eux-mêmes, de premiers de cordée, pas de super-héros inaccessibles. Les jeunes ont besoin de comprendre vos difficultés et de voir comment vous en venez à bout, quelle est votre force. C'est ainsi qu'ils progressent.

Je suis frappé de ce que les parents qui s'intéressent à l'avenir de leurs enfants ne leur parlent jamais qu'en termes d'exploits, de gagnants et de ratés, de réussite ou d'échec… L'échec a son importance. Souvenez-vous de Rabindranath Tagore : « Si vous fermez la porte à toutes les erreurs, la vérité restera dehors. »

Quant au mot « réussite », il signifie généralement fric. « T'as de l'argent, t'es un Monsieur. T'en as pas, t'es rien », répète-t-on aux enfants. Je prétends que l'homme le plus fort au monde est celui qui sait mépriser l'argent parce qu'il refusera d'acheter quiconque ou d'être acheté lui-même. Le fric est la drogue la plus pernicieuse.

Dans les collèges où je passe, je pose souvent la question : « Quel est ton rêve ?

– Gagner de l'argent. »

Déprimante réponse. Une vie fondée sur l'argent est sans avenir. Je souhaite aux jeunes non pas de réussir dans la vie mais de réaliser leurs rêves.

Lorsque les pères s'habituent à laisser faire les enfants,
Lorsque les fils ne tiennent plus compte de leurs paroles,
Lorsque les maîtres tremblent devant leurs élèves et préfèrent les flatter,
Lorsque, finalement, les jeunes méprisent les lois parce qu'ils ne reconnaissent plus, au-dessus deux, l'autorité de rien et de personne,
Alors c'est là, en toute jeunesse, le début de la « tyrannie ».

Platon

Grands-parents, apprivoisez vos petits-enfants !

Grands-parents, vous êtes souvent paumés devant les petits-enfants qui vous envahissent régulièrement. Il est vrai que durant ces quarante dernières années, leur mentalité et leurs mœurs ont changé aussi profondément qu'en plusieurs siècles. Ce n'est pas leur faute. À vous de rattraper la distance.

Leur langage vous stupéfie ? Écoutez-les. Apprenez leurs mots. Et décochez-leur de temps à autre leurs expressions savoureuses. « Kevin, ta musique ça craint. Ton grand-père, pourtant sourdingue, commence à avoir des boutons dans les oreilles en entendant la cassette que tu mets à fond la caisse. Mets un bémol… »

Évitez tout commentaire sur leur tenue vestimentaire, sur leur chevelure qui vous hérisse et sur leurs réflexions sur les croulants. Sachez qu'ils considèrent n'importe quel adulte comme un fossile. Sachez faire front. Il vous faudra de temps à autre sortir votre tenue de combat. « Ta nana, pas question qu'elle s'incruste le week-end. Notre appart, c'est pas un baisodrome. Quant à tes copains, d'accord pour qu'ils viennent de temps à autre te rejoindre, mais qu'ils arrêtent de fumer ou qu'ils ramassent les mégots ! Enfin, s'il te plaît, rentre à l'heure prévue. On s'inquiète quand tu n'es pas rentré. Si on t'aimait pas, on te dirait pas ça, on s'en ficherait. Mais tu comptes pour nous. » Ce langage est entendu un max.

Vous avez le temps, alors prenez-le. Votre disponibilité sera le trésor caché où ils puiseront à chaque rencontre. Que ce trésor soit sans fond. Ils ont besoin de confidents. S'ils viennent vous envahir, c'est aussi pour être écoutés. Leurs parents, de plus en plus stressés, les écoutent de moins en moins. C'est vrai surtout dans le cas d'un divorce : c'est à vous, grands-parents, de jouer les prolongations.

De très nombreuses lettres de jeunes me disent combien vous êtes pour eux, cœur et oreilles d'abord. Sachez que vous êtes irremplaçables. Vous êtes les confidents prioritaires, vous êtes la source, ils iront toujours à la source. Tampons, vous le serez aussi. Dérangés également. Bousculés. Laissez-les secouer vos vieux os ! Vous prendrez à leur contact un sacré bain de jouvence.

Montrez-leur la vie sous un jour dynamique, présentez-leur toujours le magnifique bouquet de toutes les espérances possibles plutôt que de sortir certaines rancœurs du passé des poubelles familiales. Vos petits-enfants sont fragiles. Ils ont assez de merde, de conflits, de tensions, de difficultés à assumer pour ne pas subir les vôtres en plus. Vos conflits ne sont pas les leurs. Ils ne feraient qu'entretenir dans leur cœur une vision sordide de la famille.

Il y a tant de côtés lumineux dans la trajectoire d'une famille, ce sont ceux-là que vous devez graver en eux.

Et j'ai constaté parfois que ce sont les jeunes, parce qu'ils sont neufs, qui réconcilient des parents farouchement opposés. Qui recollent des membres disséminés de leur famille. Ils peuvent aller de l'un à l'autre avec leur candeur juvénile et déclencher des retours qui sont parfois de petits miracles.

Ne leur interdisez jamais de fréquenter tel membre de la famille, n'en dites jamais de mal, sauf s'il est un danger certain.

Ils trouvent dans le monde d'aujourd'hui un appel vers le matérialisme le plus vide et le plus vil. Si vous leur communiquez vos rêves sordides d'héritage, vous en ferez des petits pourris acharnés de la possession.

Paradoxalement, ils sont en recherche d'une spiritualité vivante et forte. Leurs parents ont souvent perdu la foi à cause, en partie, du stress du travail et de leur acharnement à leur « réussite » sociale. À vous, les grands-parents, de leur apporter un élément de réponse à leurs questions spirituelles.

À condition que ce soit sans forcing, sans prosélytisme. Traîner ses petits-enfants derrière soi à la messe du dimanche est la pire des démarches. Mais être écoute et amour dans la cohérence de sa foi sera l'atout décisif pour qu'ils pressentent que Dieu est le Tout d'une vie.

Grands-parents, vous avez un sacré boulot devant vous. Marchez à l'heure du temps. Entrez de plain-pied dans le monde des jeunes d'aujourd'hui. N'ayez pas peur d'être ringards ni dépassés. Restez ce que vous êtes.

Votre cœur battant au rythme du cœur de vos petits-enfants vous apportera le meilleur d'eux et exigera le meilleur de vous.

Ils font ça pour moi

J'ai dix ans
Je suis leur seul enfant
Je suis dans mon lit
À moitié endormi.

Voilà, ils sont partis
On est mercredi

PARENTS ROCS

Ils ont fermé la porte
Peu importe.

Ils ne reviennent qu'à midi
M'ont dit d'être gentil,
Mais moi je m'ennuie
C'est un peu toujours la nuit.

Ils m'ont acheté plein de jouets
Mais debout je suis muet,
Je n'ai personne à qui parler
Avec qui jouer.

Pendant des heures,
Il arrive que je pleure.
Je ne peux pas m'expliquer
De peur de les attrister.

On dit que des enfants ont faim
Mais moi j'ai du chagrin.
Je ne comprends pas mon destin,
Je voudrais qu'on me fasse un dessin.

Qu'on me consacre du temps,
Qu'on reste avec moi un moment.
Mais ce qui compte, c'est l'argent,
Alors que pour moi c'est le temps.

Extrait du recueil *La vie en rimes*

Justice

Ne craignez pas de punir ! Le mot « répression » se lie fort harmonieusement avec « dissuasion », « prévention » et « éducation ». Les jeunes ont soif de justice. Mais attention : si la punition est importante, la sanction ne doit jamais humilier.

Au cours d'un camp, quelques-uns de nos jeunes s'étaient aperçus qu'au matin la ferraille résidant au fond de leur blue-jean s'évaporait. Dans la journée, cette évaporation aurait pu être mise sur le compte de leurs ébats multiples, mais la nuit étant leur seul moment d'immobilité, il semblait étonnant, l'aube se pointant, que leur argent ait pu ainsi disparaître. Ils cherchèrent, enquêtèrent et prirent Kiki la main dans le sac.

Le repas qui suivit fut houleux. L'un d'entre eux lança : « Il faut juger Kiki ! »

Aussitôt dit, aussitôt fait. Le dessert englouti, la

horde se rassembla dans une chambre de la ferme. Lui trouver un avocat fut facile : dix au moins se présentèrent. En revanche, l'avocat général pressenti mit du temps à accepter son rôle.

Quant à moi, je fus commis d'office comme juge, présidant la séance. Je choisis deux assesseurs.

Une fois Kiki présenté à la cour, je commençai brièvement l'interrogatoire :

« Combien de copains et de copines as-tu volés ?

– Presque tous !

– Il est où, cet argent ?

– Je l'ai dépensé ! »

Atterrés, les membres du tribunal ! Le banc des avocats n'eut plus la même fougue pour trouver des excuses à Kiki. Finis, les effets de manche !

Enfin, après réquisition du procureur, puis délibération avec mes assesseurs, ma sentence tomba : « Impossible pour toi, Kiki, de rembourser à chacun ce que tu leur as volé. Tu n'aurais plus un sou pour ce camp et tu serais contraint de piquer à nouveau. Alors on te demande simplement d'arrêter ta razzia. Mais saches que si tu recommences, la peine sera dure car on a confiance en toi. Et ça, ça ne se trahit pas ! »

Puis la cour entière se porta garante de Kiki, qui jura de ne plus recommencer. La cour jura quant à elle de le surveiller afin… de l'aider à changer. Et Kiki, comme dans les plus beaux contes, ne piqua plus jamais et eut plein de copains.

Juger l'acte est nécessaire, mais la personne, jamais. Un juge peut tuer un récidiviste en le qualifiant d'« irrécupérable ». J'ai vu un jour un condamné se jeter (chaleureusement) au cou d'un juge qui, profondément humain, l'avait infiniment respecté. Le jeune loubard avait vu la sanction tomber « avec joie », si je puis dire, car il n'avait pas été sali dans sa personne.

C'est ce que Dieu fera avec nous. Nous serons jugés sur l'Amour, rien que sur l'Amour, avec les yeux de Son infinie miséricorde.

Attention aux phrases pernicieuses

Dire à son gosse : « Tu resteras un cancre, tu seras toujours un nul » est catastrophique. Il peut s'identifier à vie à cette phrase. De même qu'il risque d'être longtemps bloqué dans une matière si en classe un prof maladroit l'a humilié devant tout le monde. Dire à un jeune qu'il est un cancre définitif, c'est le pousser à ne plus rien faire.

Je vois trop souvent des parents qui ne cessent de reprocher à leur enfant ses médiocres résultats scolaires. En le dévalorisant, ils ne font que l'écraser un peu plus. Savez-vous que 75 % des discussions en famille tournent autour des résultats scolaires ? Apprenez à parler d'autre chose avec eux, à leur redonner confiance en les valorisant là où ils sont forts.

Il en est de même des « incivilités ». La plupart du

temps, les adolescents sont peu disposés à respecter les règles de conduite et manquent d'estime personnelle. Alors, quand ils ont le désir de prouver à leur famille qu'ils peuvent changer, ce n'est pas évident. Si vous leur rabâchez : « De toute façon, t'es un gosse à problèmes », il s'identifiera à votre parole. Mais si vous les regardez et l'assurez qu'il peut faire quelque chose d'extraordinaire, il sortira du champ du malheur pour passer à l'espérance.

Il est des phrases colportées en toute innocence qui peuvent blesser ou tuer. Elles sont définitives, alors qu'elles n'en ébauchent qu'une partie. Parfois même, elles n'expriment que des contre-vérités.

Je me reproche un certain propos que j'ai écrit un jour sans nuance : « Quand, enfant et adolescent, on n'a pas été aimé, on a peu de chances d'apprendre à aimer plus tard et à s'aimer soi-même. » Cette phrase peut faire très mal car elle biffe toute relation amicale forte qui, hors du désert affectif familial, sauve l'amour de soi et donne l'aptitude à aimer.

Celui qui est perdu, ou qui se sent perdu, est incapable de croire que quelque chose de bon et de beau peut sortir de lui.

Pour leur éducation, la sanction est importante, il faut la mener jusqu'au bout : elle sécurise et responsabilise le jeune. Il y a des règles établies qui doivent être respectées, c'est là où la fonction du père est importante. Les enfants ont besoin du respect de la parole donnée.

Je dis toujours à nos jeunes : « T'es tellement meilleur que les conneries que tu fais ! » L'histoire de l'enfant prodigue est la plus belle image de l'amour de Dieu qui nous attend. Cette image, il vous faut, vous les pères, la vivre à fond. Toujours tendre les bras pour attendre votre fils et la réconciliation.

Bûchez l'égalité d'humeur !

L'ennuyeux, lorsqu'on se met en colère contre son enfant, c'est qu'on double sa fureur, car on est également en colère contre soi. On est furieux d'avoir un peu perdu les pédales.

Pour acquérir de la douceur, il faut maîtriser l'égalité d'humeur. Au séminaire, j'en ai été frappé. On nous disait souvent : « Ayez l'égalité d'humeur ! » Qui peut résister à la douceur joyeuse d'un être ? Pensez à une personne de votre entourage qui en est douée. Voyez combien elle est apaisante, comme elle crée l'harmonie, comme elle unit et appelle à faire de même. Ma mère en était l'incarnation. Jamais elle ne nous aurait frappés. La voir pleurer était la pire de nos punitions.

« Elle est plus Mère que Reine », disait sainte Thérèse de la Vierge Marie. Oh oui ! C'est par le regard de ma mère que j'ai compris la Mère de l'Enfant Jésus. Et c'est ainsi que je comprendrai, plus tard, l'immense handicap de mes jeunes qui n'ont souvent connu qu'une génitrice absente, indifférente ou bourreau.

Mais attention ! Ne les maternez pas trop. À force, l'enfant ne grandit pas. Il reste avec ses petits choix de gosse, son horizon limité, ses colères soudaines, ses caprices et ses peurs.

Trop aimer, c'est mal aimer.

> *Il n'existe aucune faute comparable à la colère. Et pas de courage comparable à la patience.*
>
> Nagarjuna (grand maître et philosophe bouddhiste)

Un autre regard

J'ai passé des heures à dire à des familles qui se coltinaient un prétendu gosse à problèmes : « Il n'existe pas pour lui-même ! En le rabaissant, vous le mettez sur la route de la délinquance. Changez votre regard et vous aurez la joie de le voir changer. »

L'important est que vous lui disiez : « Tu existes à mes yeux. Je vais t'apprendre à vouloir et à pouvoir. Tout est possible avec ce que tu es. »

Je disais un jour à un jeune particulièrement difficile : « Tu as un grand avenir devant toi !

– Tu te fous de ma gueule ! J'ai quinze ans. J'ai loupé l'école depuis l'âge de dix ans… »

Je récidivai : « Si tu prends conscience de qui tu es, de la valeur que tu as, et que tu travailles d'arrache-pied, tu pourras effacer les années de merde où t'as rien fichu à l'école. »

Croire en eux, espérer jusqu'au bout, et aimer avec force. Ils ne résistent jamais à la chaleur fraternelle de l'adulte. Même si les plus désespérés ne comprennent pas qu'on puisse les aimer comme ils sont. Dans le meilleur, dans leurs dons. Dans leur formidable capacité de créer et de bouffer le monde.

Dire à un jeune : « Je crois en toi » est très important. Bien sûr, il ne respectera pas toutes les consignes, souvent involontairement, mais on le reprendra. N'ayez pas peur de dire à vos jeunes que vous avez confiance en l'avenir, quand ils se sentent un peu perdus dans cette drôle d'époque.

Aimer, c'est s'efforcer de voir ce qu'il y a de meilleur au fond de chaque être et l'aider à en prendre conscience. Il n'est rien de plus fort. Seul le regard bienveillant de celles et ceux qui nous connaissent nous appelle à ne pas désespérer de nous-même.

Mort aux jeunes !

On le dira jamais assez : le niveau baisse, baisse, baisse, et la jeunesse n'est plus ce qu'elle était.
À preuve ces quatre témoignages désabusés :

« Notre jeunesse est mal élevée, elle se moque de l'autorité et n'a aucune espèce de respect pour les anciens. Nos enfants d'aujourd'hui ne se lèvent pas quand un vieillard entre dans une pièce, ils répondent à leurs parents et bavardent au lieu de travailler. Ils sont tout simplement mauvais. »

Socrate (470-399 av. J.-C.)

« Je n'ai plus aucun espoir pour l'avenir de notre pays si la jeunesse d'aujourd'hui prend le commandement demain, parce que cette jeunesse est insupportable, sans retenue, simplement terrible. »

Hésiode (720 av. J.-C.)

« Notre monde a atteint un stade critique. Les enfants n'écoutent plus leurs parents. La fin du monde ne peut pas être très loin. »

Prêtre égyptien (2000 av. J.-C.)

« Cette jeunesse est pourrie depuis le fond du cœur. Les jeunes gens sont malfaisants et paresseux. Ils ne seront jamais comme la jeunesse d'autrefois. Ceux d'aujourd'hui ne seront pas capables de maintenir notre culture. »

Poterie d'argile dans les ruines
de Babylone, datant de 3000 ans

Humilité

Le petit enfant, il suffit de regarder la pure merveille de ses yeux : ils éclatent d'humilité parce qu'ils font confiance, et l'humilité redouble la confiance. C'est une de ses nombreuses vertus. Le jeune enfant donne sa confiance à ses parents. Il se met sous leur aile. Il les craint et il les aime. Il ne cherche ni à écraser ni à paraître.

En revanche, il est rare de rencontrer un adolescent humble. L'adolescent est passé dans son contraire. Il découvre un monde où l'apparence est reine et où le plus fort et le plus frimeur semblent gagner. Où la possession des choses est le but de l'existence.

Parents, vous devez apprendre à votre adolescent à s'aimer tel qu'il est. L'humilité se définit comme « savoir ce que l'on est ». À apprivoiser son corps, son sexe, son intelligence, son âme…

Voici quelques exemples de conseils à donner à vos jeunes.

« Apprivoise ta gueule »

« Tu passes des heures devant la glace de la salle de bains pour t'admirer ou te détester. Tu peux déprimer pour un bouton qui te pousse au bout du nez.

« Du "Tout le monde me désire... je suis le plus intelligent, le plus fort...", tu bascules tout aussi facilement dans le "Personne ne m'aime !".

« Alors, apprivoise ta gueule.

« C'est pas ta faute si tu es comme tu es. Mais ne va pas pour ça demander des comptes à tes parents. Parce qu'ils te diront que tes oreilles, tu les dois à ton grand-père ; ton nez, à ton arrière-grand-mère... On y passera le réveillon. Alors restes-en là.

« Accepte-toi comme tu es. En sachant que tu peux donner à ton visage la beauté de ton cœur. Ce visage que tu regardes dix fois, vingt fois par jour. Tu te trouves passionnément beau, très beau, beau, pas beau, moche, franchement moche. Ne coche aucune case.

« Pour toi, ton apparence compte souvent plus que tout. Tu te plantes, si tu le crois. La beauté d'un visage peut ravager un être. La beauté est un piège. D'abord, elle n'est jamais pour soi, la beauté. Elle est pour les autres. Parce que ce sont les autres qui la voient.

« Bien sûr que ça peut être beau, un visage. L'admirer est un régal. Mais la beauté attire comme un aimant. Elle est souvent désirée pour elle-même, pas pour toi. On peut se foutre complètement de qui tu es tout en désirant posséder uniquement ta beauté. Les vedettes, belles gueules liftées, le savent bien. Elles en souffrent jusqu'au suicide parfois.

« La beauté d'un visage ? C'est le cœur qui en décide. Aux lignes superbes et régulières qui ne retiennent pas la lumière, je préfère les traits ingrats qui rayonnent par le dedans. Alors, bûche ton intérieur et tu seras beau comme un dieu. »

« Apprivoise ton corps »

« Apprivoise ton corps. Tu changes, doucement, ou très vite. Mais tu changes. Tu deviens un petit homme ou une petite femme. Bonjour, l'angoisse. Tu sais plus où t'habites, tu sais plus qui tu es.

« Tu as le gras du bas du dos qui fait éclater tes jeans. Tes jambes trop maigres ou trop courtes. Ta poitrine rachitique. Des boutons, évidemment. Tous les six mois, tes godasses laissent échapper tes orteils qui n'en finissent plus de percer tes Nike. Sans parler de ta voix : elle hésite entre mec et gonzesse. Tu as beau jouer sur les basses, tes cordes vocales te sabotent le moral...

« Travaille ton corps. Bouge-le. Fais du sport : celui que tu aimes et d'autres que tu aimes moins. Et n'arrête pas. Les bourrelets de ton père et mes cures d'amaigrissement te diront assez que ne plus bouger son corps, c'est handicaper le reste de sa vie. « Mon corps est un jardin, ma volonté est son jardinier », disait William Shakespeare.

« T'as sans doute encore soixante, soixante-dix ans de vie devant toi. Évidemment tu juges qu'à quarante ans on est déjà vieux. Et que, passé cinquante, on entre dans la catégorie des dinosaures. Normal. Mais ton corps bien entretenu te donnera toute ta vie une joie inégalable. »

Depuis soixante ans, je fais du sport. Aujourd'hui, à soixante-treize ans, mon sport préféré est de grimper aux arbres. Quelle joie de sentir mon corps s'épanouir !

« Apprivoise ton sexe »

Ne laissez pas passer leur silence lourd de questions. Écoutez-les. Prenez du temps. N'esquivez pas, quand ils sont petits, leurs questions concernant le sexe par les habituelles réflexions : « On verra plus tard… Tu es trop jeune… Ne pense pas qu'à ça. »

Évitez également comme la peste de leur jeter certaines confidences sur les affaires intimes de votre lit. Ne leur parlez jamais non plus en termes légers ou grivois du sexe. La découverte de leur sexualité ne sera équilibrée que si vous leur dites que chaque rencontre, cœur et corps, avec votre conjoint a été un petit événement dans votre vie, et non une routine ou une « partie de jambes en l'air ».

Dites-lui :

« Ton sexe te travaille. Tu le découvres. Parfois il t'obsède… Maîtrise-le. C'est important pour maintenant et pour plus tard. Et surtout, qu'il ne se sépare pas de ton cœur, tu deviendrais la proie du plaisir immédiat, sans lendemain, du plaisir manqué, obsédant. »

« Ton sexe n'est pas un terrain d'expérimentation, ni un parcours du combattant, encore moins un champ de tir. Le corps s'use à une vitesse stupéfiante s'il ne sert qu'à assouvir un instinct. Je connais des corps de vingt ans dont le cœur a été étouffé. »

« Ne fais jamais parler ton corps sexué d'abord, malgré le désir que tu en as. Il est cœur, sentiments, tendresse avant tout. Ton corps un jour explosera d'amour, quand il sera temps, parce que ton cœur y aura la plus belle part. »

« Ta tendresse est ce que tu as de plus beau, de plus grand. Ton sexe maîtrisé, tu vivras en harmonie avec lui parce que tu sauras qu'il est don, qu'il est l'autre avec qui tu ne feras qu'un. »

Préparation à l'amour

Les adolescents d'aujourd'hui sont à la fois beaucoup mieux et beaucoup plus mal préparés à vivre leur sexualité. Les médias accordent une attention accrue au respect de l'enfance et de l'adolescence – et c'est tant mieux ! – mais, paradoxalement ils les agressent sous des formes plus déguisées : pubs, émissions de radio, films, revues, internet affaiblissant ce que la sexualité a de beau et de sublime.

Dans ce moment très riche de leur vie, votre responsabilité de parents et d'adultes en général réside dans la présentation que vous faites du mystère de la sexualité.

Le christianisme est une religion d'amour puisée dans le Cœur de Dieu. Un mufti, un jour, disait à la télévision que l'Évangile était « impossible à vivre ». Il avait raison, de l'extérieur, de dire cela. L'Évangile est l'apologie de l'Amour au plus haut, au plus fort de ce que l'humain, image de Dieu, porte en lui. Mais le danger qui nous guette est d'organiser de façon « réaliste » notre doctrine chrétienne. Marteler que la maîtrise sexuelle et la fidélité ne sont pas des vertus impossibles à pratiquer est un impératif qui situe l'amour à sa vraie place : la plus haute, la plus noble. Celle qui fait grandir.

Vous les jeunes : regardez vos parents ! À votre question inquiète : « Peut-on aimer toute une vie ? », c'est leur fidélité qui sera réponse. Que leur amour vous illumine ! Alors, à votre tour, vous transmettrez un jour à vos enfants les valeurs qui sont les vôtres. Rien n'est perdu. L'Espérance gagnera.

Si tes parents sont divorcés parce qu'ils se sont trompés, ne crois pas que la fidélité est impossible. Beaucoup de couples la vivent malgré leurs épreuves.

La « petite » amie…

Complètement paumés les parents, et encore plus les « vieux » ! Ils ne savent plus sur quel pied danser. Laisser faire, c'est accepter un nouveau visage tous les mois et se contenter de quelques appréciations sur le physique : « Tiens ! tu aimes les brunes maintenant… » D'un autre côté, se jeter sur son casque de combat dès l'apparition d'une nouvelle petite amie est plutôt pénible !

Et pourtant, c'est cette bataille-là que les parents doivent mener avec amour et fermeté. Dire non aux coucheries, avec des mots affectueux mais nets et clairs qui sortent du cœur, c'est dire à l'adolescent(e) qui se croit dans le vent : « Nous respectons ce corps et ce cœur qu'on t'a donnés. Ils t'appartiennent. Mais te voir les dégrader chez nous, au nom de la baise à la petite semaine, nous ne le pouvons pas. »

Ne craignez jamais d'être à contre-courant des mœurs lorsque celles-ci sont porteuses de voyeurisme et de « chacun pour soi ».

Laisser vos jeunes faire l'amour n'importe où, avec n'importe qui, c'est les insulter. C'est leur dire « Baise », en quelque sorte, en ajoutant l'inévitable : « Mais… protège ta viande avec de la cellophane. » C'est les priver pour maintenant et pour plus tard d'une rencontre, parmi les plus belles. On ne fait jamais l'amour. On se dit l'amour. On se chante l'amour. On désire le cœur, et le corps suivra.

Vivre l'amour

Son désir d'aimer et d'être aimé est immense. A-t-il peur d'être trahi un jour ? Il peut l'être. Mais s'il est fidèle, il sera trahi de moins en moins. Parce que, sur la longueur, personne ne résiste à la fidélité.

Dites-lui que son cœur est l'essentiel de ce qu'il possède. Que c'est une valeur sûre qu'il va devoir bûcher. Épargnez-lui la presse du cœur et à sensation qui ne valorise que l'apparence, la possession, la gloire (quelle gloire ?). À moins qu'il ou elle ait déjà suffisamment de sagesse, en feuilletant ces journaux, pour y découvrir la pauvreté et la misère des « stars de l'année », qui ne sont que des étoiles sans éclat, et dont les interviews à 1 % de matière grise feraient pleurer de rire un chat de gouttière.

« Apprivoise ton intelligence »

« Les études, ras le bol »... « Les maths, c'est l'angoisse »... « L'avenir, c'est le chômage. »... « J'arrête les frais... » Bref, ses délires habituels.

Je détestais les études quand j'étais gosse. J'en ai fait durant quinze ans ! Atout inestimable pour moi, aujourd'hui. Le temps d'adolescence est le temps fort pour ses études. Faites en sorte qu'il ne gaspille pas ce temps de scolarité où il est porté par ses parents, tous frais payés, sans angoisse du lendemain. Temps riche où son intelligence s'éveille, se fortifie, qu'il ne retrouvera plus jamais aussi facilement.

Après il découvre l'amour, fait son nid, couve, et les lardons arrivent... Trop tard pour les études, il faut gagner sa croûte. Alors dites-lui de s'accrocher, mais pas à des études à la con, plutôt à apprendre le monde, son histoire, son art, sa littérature, sa philosophie, son économie, ses systèmes politiques, et l'écologie dont il est friand. Éveillée tôt, apprivoisée, son intelligence lui permettra un jour de bâtir un monde conforme à ses rêves.

Faire bien et lentement son travail

Mon premier curé, Pierre, à Blida, me fascinait quand il prenait la plume. Il s'appliquait comme si sa vie dépendait de chaque mot qu'il écrivait. Il m'a appris la joie de m'investir dans la plus petite action. Rien n'est inutile.

« Tout est grâce », écrivait saint Paul.

École et respect mutuel

Que l'école soit pour lui l'école du respect mutuel. Il y passe un long moment et peut y trouver des profs super mais aussi d'autres déprimés, blasés ; certains ne sont pas tellement ouverts au dialogue. Mais, en général, il aime ses profs. Certains ont de l'autorité. D'autres pas du tout.

Dites-lui : « Pourquoi vous acharnez-vous à chahuter le même professeur? C'est si facile avec un prof qui manque d'autorité. Essaie de composer avec ta classe pour ne pas foutre le bordel. Propose une fois à tes copains : “Écoutez, peut-être que le prof aura une crise cardiaque, mais cette fois-ci, on fait la classe sans chahut.” » Une fois. Deux fois…

Dites-lui aussi qu'il n'attende pas tout des profs et des adultes. Qu'il essaie de donner sa part. Oui, les adultes en priorité doivent l'aimer, le nourrir, l'aider, le porter. Mais lui aussi a un travail à faire : en regardant les yeux de sa mère et de son père le soir, en allant voir ses grands-parents, en respectant ses professeurs. Car, comme le disait Pierre Teilhard de Chardin : « Ce n'est pas d'un tête-à-tête ni d'un corps à corps, c'est d'un cœur à cœur que nous avons besoin. »

« Apprivoise ta volonté »

Apprenez à vos jeunes à s'affirmer. C'est primordial. Apprenez-leur à dire non, c'est encore une école d'humilité, de vérité et de charité. Lorsqu'on ne pactise pas avec l'autre pour lui faire plaisir, on apprend à l'aimer, à l'écouter. « Devenir autonome, c'est prendre le risque de s'affirmer en renonçant à l'approbation de ceux qui prétendent nous aimer », écrit Jacques Salomé.

S'ils ne veulent pas dire ce qu'ils pensent, c'est qu'ils s'imaginent souvent que c'est interdit, ou mal poli.

Poussez-les à prendre des décisions. Souvent, ils ne savent pas choisir. Et une fois la décision prise, aidez-les à s'y tenir.

« Apprivoise ton âme »

L'amour, on l'écoute du matin au soir. On en fait des disques d'or, de platine. Il fait beaucoup d'argent et de bruit, alors que le seul vrai amour, le don gratuit, sans calcul, est silencieux. Et de ce manque-là, le jeune crève.

« J'en ai marre de vivre comme un con… » « La vie, ras le bol. Je survis… » « J'ai rien à quoi m'accrocher. J'aimerais tant… » Je pourrais remplir plusieurs pages de leurs réflexions désespérées. La question morale se pose aujourd'hui en termes parfois tragiques à beaucoup d'entre eux. Voir les visages tendus de certains jeunes, c'est comprendre d'instinct qu'ils n'ont plus l'estime d'eux-mêmes ni des autres. Alors il faut, parmi tant d'embûches sur lesquelles bute leur conscience, les éclairer dare-dare. Les jeunes attendent de nous des mots simples et proches de leur vie. Avec la possibilité d'appliquer vite ce qu'on leur enseigne.

Au fond, chacun sait globalement ce qui est bien ou mal. Mais l'homme d'aujourd'hui perd facilement la frontière entre les deux. Parents, n'attendez pas que votre enfant soit éduqué par les copains. C'est déjà trop tard.

Si sa vie n'a pas de lumière intérieure, alors il ne pensera qu'au fric, au pouvoir, au cul, et il en crèvera.

Dites-lui de veiller à son âme : « C'est la partie la plus invisible de toi, mais la plus belle. Celle qui te mènera au sommet. Travaille ta spiritualité autant que ton corps et ton intelligence. »

À quoi sert un travail forcené pour acquérir des connaissances multiples, pointues, dans tous les domaines, s'il oublie l'essentiel : son âme ? Alors dites-lui de bûcher son âme. Sa vie ne sera dynamisée que par son intérieur. Cela transfigurera son être.

Dites-lui de pimenter ses journées de petits gestes d'amour. Dieu seul les verra, peut-être, mais ils permettront à l'humanité de respirer et d'être meilleure. Quels petits gestes ? vous demandera-t-il. Donnez-lui en réponse cette phrase de l'Évangile : « Fais aux autres ce que tu voudrais qu'on te fasse à toi-même. »

Ça, il comprendra. Croyez-moi, se gâter il sait le faire.

Rêve

Votre enfant a besoin de vivre ses rêves. S'il n'entre pas dans quelque chose qui le dépasse, il restera toujours au ras des pâquerettes, en se contentant de satisfactions immédiates.

En premier lieu, le rapport au bonheur. Je connais beaucoup de jeunes vraiment pessimistes. Aujourd'hui, l'avenir leur paraît sombre, parce que nous avons nous-mêmes, adultes, une défiance vis-à-vis de cet avenir. Ce sentiment d'angoisse éprouvé par les parents pèse lourdement sur les épaules de nos jeunes. Ils ont besoin de rencontrer des adultes qui chantent le bonheur, qui espèrent, qui croient en l'avenir.

Le rapport aux autres est souvent freiné par l'« individualisme ». Nos jeunes sont atteints par cette maladie-là.

Si quelque chose de puissant l'anime de l'intérieur, un idéal de vie, alors il vivra. Son rêve, il l'accomplira.

À condition d'en avoir mille. L'enfant qui dit : « Je veux être explorateur… vétérinaire… » avance dans un océan de rêves. Puisse-t-il garder au moins un de ceux-là.

Mon rêve, à treize ans, c'était de soulager la souffrance. « Papa, je veux être prêtre », dis-je à mon père en septembre 1948. Je me voyais curé de campagne, entouré de mes poules, de mes lapins, de quelques « bigotes », de mes cloches et des enfants du caté. J'avais la vocation bucolique…

Ça m'était venu « comme une envie de pisser », m'avait jeté mon père. Depuis plus de soixante ans, je vis ce rêve.

C'était la volonté de Dieu.

Ce n'est pas toi qui Le cherches, c'est Lui qui t'appelle. Son appel est tellement fort que tu ne peux pas y résister. Et il faut qu'il soit rudement fort, parce que prêtre n'est pas un métier ordinaire. C'est une folle aventure où le repos, la sécurité ne sont garantis que dans l'Éternité. La retraite ? Quand on n'en peut plus. C'est une vie faite de don total et dont les barrières de sécurité sautent au fur et à mesure qu'on avance. Une vie faite d'appels de détresse, de demandes incessantes provenant d'êtres en morceaux.

Quand on me dit que la vocation sacerdotale doit naître à la majorité, ça me hérisse. On oriente n'importe quel jeune, même très tôt, vers le métier pour lequel il montre le plus de prédispositions, mais s'il veut être prêtre on le somme de réfléchir longtemps, et d'attendre, et d'attendre encore.

Sollicité en grandissant par tant d'appels à la consommation, au mieux-être matériel, il risque ensuite de s'engouffrer dans une vie à bon marché et oubliera cet appel d'amour, de pauvreté, de don total.

Quand on gave des oies, leur foie devient si gros que leur cœur est atrophié. Ainsi, certains jeunes Occidentaux n'ont plus la capacité de tout donner quand ils ressentent l'appel sacerdotal et la grandeur de ses exigences.

L'important, c'est que vous lui marteliez : « Ton rêve d'abord, l'argent après... »

Trouve ta raison de vivre !

Aux jeunes à qui je pose la question : « Qu'est-ce que tu veux faire plus tard comme études ? » J'obtiens la plupart du temps la réponse : « École de commerce. » Déprimant ! Alors je préfère les prendre à contre-pied, je leur parle de leur rêve. En y réfléchissant, ils ont un moment de flottement. Et puis je leur dis : « Fais ce que tu as rêvé de faire, parce que c'est là que tu trouveras la joie et la fierté d'être un homme ou une femme debout. »

Qu'est-ce que l'argent, du moment qu'il accomplit la tâche qu'il aime? L'argent aide à vivre, mais le rêve est prioritaire. Combien ai-je côtoyé de gens meurtris par une profession qu'ils n'aimaient pas et qu'ils étaient obligés d'exercer ! Dites-leur : « Je t'aime comme tu es. » Ne désirez pas vos enfants comme vous les avez rêvés. Faites le deuil de vos projets sur eux. Sachez les guider, simplement.

Dites-lui : « Aucune personne au monde ne pourra te donner la satisfaction totale de tes sens, de ton cœur. Elle peut mourir, elle peut être malade, elle peut te trahir. Il faut que tu gardes à toi ton cœur, ton corps, ton affectif, ton âme, tout ce que tu es d'unique. Que tu t'appuies sur toi et que tu t'ouvres au-delà de toi.

« Trouve au-delà de toi une raison de vivre. Il faut que tu te prépares à assumer la vie en pensant qu'il y a la mort. Et que la vie a un sens mystérieux. »

Seul l'Amour nous accomplit. Seul l'Amour !

Faites-en des combattants

Je ne dirai jamais assez combien l'adolescent veut bouffer le monde. Pour l'aider, responsabilisons-le. Au quotidien, à Faucon, c'est savoir dire oui aux projets des jeunes. On fixe certaines conditions, mais on doit leur permettre de tenter ce qu'ils veulent réaliser. Nous devons croire à ce qu'ils veulent faire. Présentez-leur un défi, ils adorent ça.

Les journaux, les infos à la TV parlent presque exclusivement des laideurs du monde, alors que partout des êtres réalisent de beaux gestes d'amour. Évitez de trop leur dire que dehors c'est dangereux, même s'ils doivent savoir qu'il y a des risques. À trop redouter le monde extérieur et l'avenir, ils n'auront plus confiance en personne, et encore moins en eux.

Nous nous étonnons de découvrir un jour notre fils ou notre fille avec un « joint » à la bouche, quelques pilules planantes ou une bouteille d'alcool. Ces drogues qui envahissent la jeunesse sont-elles si incompréhensibles, inexplicables ? On s'étonne de voir nos enfants chercher dans des paradis artificiels une euphorie qui nous laisse pantois. Écoutons-les. Quand ils apprennent que des millions sont dépensés chaque jour pour augmenter les stocks d'armes du monde, que les trois quarts de la terre crève de faim, comment ne pas nous étonner qu'ils aient envie de « planer », qu'ils aient le dégoût à la bouche devant leur assiette archipleine et qu'ils n'aient plus le courage de bâtir quelque chose ?

La vie militante se cultive dès le plus jeune âge.

Quand un jeune que nous avons réussi à remettre sur la route me demande : « Comment te remercier ? », je lui réponds toujours : « En donnant aux autres ce qu'on t'a donné. » Notre devoir est de mettre les jeunes loubards en état de militantisme pour les autres, pour qu'ils transmettent à leurs gosses ce que nous leur avons appris.

Pour ma part, je ne connais pas de plus grande joie que celle de les voir défendre à leur tour des valeurs essentielles. Aucun fric, aucun héritage de maison de famille n'a cette force. Mes parents ne nous ont rien laissé d'autre, à mes quatorze frères et sœurs et moi, que l'amour. Nous n'avons eu de cesse de transmettre cette lumineuse pauvreté.

Argent de poche ou partage ?

Au niveau financier, jouez cartes sur table. Dites-lui : « Écoute, tu es toujours en train d'exiger. Tu veux un scooter, une nouvelle console vidéo. Voilà combien je touche, voilà mes revenus. » Cartes sur table. Combien de parents font ça ? Le père et la mère cachent leur salaire. C'est une tradition française à la con. On ne veut pas montrer ses revenus. Il serait sain que vous disiez à vos gosses : « Tu téléphones souvent, t'as vu la note ? Regarde ce que j'ai comme salaire, soustrais le loyer, l'électricité, ton téléphone et regarde ce qui reste. »

Mieux que donner, il y a le partage et le dialogue.

On évoque toujours les finances quand on parle de partage. Mais partager, c'est aussi prendre sa part des tâches familiales. Voir sa mère fatiguée et faire la vaisselle ou les courses, aider son père à tondre la pelouse, etc., sans que ce dernier dise : « On va te donner du fric si tu bosses. »

Partager s'apprend tout petit. C'est donner de son temps, de son cœur, de ses oreilles. C'est partir en week-end voir sa vieille grand-mère, c'est s'occuper d'un copain de sa classe…

Les jeunes veulent partager. Ils sont meurtris par le fait qu'à trois heures d'avion de Paris, les gens crèvent de faim. Ça les traumatise. L'adolescent est l'être qui blâme, qui s'indigne. Et puis il oublie vite, parce qu'il est englué dans son bien-être quotidien.

Si on ne les met pas en marche là où ils sont, ils réclament toujours des « Nike », des marques, etc. Le monde d'aujourd'hui les appelle à en faire le moins possible et à gagner le plus possible. Ça mine leur sens de l'effort. Ils casseront leur tirelire dans un coup de cœur éphémère, et puis, désabusés, ils diront comme tout le monde : « Chacun pour sa gueule ! »

« Bouge ton cul pour les autres »

Il faut un couple extrêmement uni qui tienne bon en disant : « Pas question. Ton argent, tu le gagneras à la sueur de ton front ! »

À Faucon, les jeunes sont payés sur deux registres que vous pourriez très bien mettre en application dans votre famille.

D'abord, ils sont payés sur leur comportement et sur le partage de vie commune, ensuite sur le travail qu'ils ont fait. J'ai pensé que payer des jeunes au rendement, c'était pactiser avec certains aspects d'une société que je renie. Donc ils sont payés d'abord sur la qualité fraternelle de la relation, du partage relationnel qu'ils ont.

À la réunion de fin de mois, avant toute chose, je pose cette question : « Quel est ton comportement pendant tout le mois par rapport aux copains ? » Et si le mec (ou la fille) a été très destructeur, s'il a refusé d'écouter les autres, à ce moment-là, sa paie baisse, même s'il a travaillé comme un bœuf. Leur paie les met en état de partage d'abord. Le Rambo qui arrive avec des muscles de taureau et qui abat un travail dingue, mais qui va nous foutre une merde pas possible, aura un salaire diminué.

Quel pays paradisiaque la France serait si nos présidents ou nos patrons mettaient plus de fraternité dans le travail entre Français ! Malheureusement, ils bâtissent le régime de la compétition forcenée et de l'individualisme, qui tue le sens du partage et les espaces de liberté.

Le « travailler plus pour gagner plus », c'est faire de chacun de nous un loup pour les autres.

La nature à rebâtir

« La beauté sauvera le monde », disait Dostoïevski. Inviter les adolescents à garder leur esprit d'enfance, à rester toujours neufs, ne les n'empêchera pas de voir la laideur et surtout de la combattre. Bien au contraire : l'esprit d'enfance est en lutte contre les marchands de mort qui bousillent la terre. Quel lumineux combat, celui pour la beauté !

Les jeunes des villes et des cités, une fois débarqués à Faucon, sont fascinés par la beauté des saisons. Ils sont également confrontés à la rigueur de la saison. L'hiver, leurs mains ont des engelures. Et ils en sont fiers.

Un jeune, que j'avais eu dix ans auparavant, me dit un jour : « Ah ! La beauté des arbres couverts de gel le matin ! Je me levais le plus tôt possible pour regarder ce spectacle. » Et dire que je le pensais imperméable à toute forme d'émerveillement, incapable de goûter la beauté du milieu dans lequel il avait vécu !

Figurez-vous que ces gros costauds ont peur de la nuit ! Le soir tombé, les villes d'où ils proviennent sont éclairées de lampadaires. Ils ne connaissent pas la nuit et donc la craignent.

Il en est de même pour les animaux. Les vaches ? Nos jeunes ne les connaissaient auparavant qu'en hamburger, ou tartare, et les sangliers par des documentaires à la TV ou dans *Astérix*.

Apprivoiser le temps

Leur rencontre avec les animaux est remarquable. D'abord, ils en ont peur, ou bien ils leur sautent dessus. Puis ils apprennent à les apprivoiser. L'étude de la nature leur apprend la lenteur. Le rapport au temps joue beaucoup. Les jeunes actuels sont marqués par un mot d'ordre ravageur : « Tout, et tout de suite. » Si possible sans freins et sans règles.

Ils apprennent à se hâter lentement.

Il faut d'urgence que nos jeunes apprennent la puissance du temps. On ne peut pas tout avoir tout de suite. Si l'on est incapable de se projeter dans un avenir, le désir fonctionne sur le mode de l'immédiateté. Au contact de jeunes très violents, je m'attache à leur faire sentir l'importance du temps. Ils sont dangereux quand ils n'ont plus rien à perdre. Ni leur vie ni la tienne ne comptent.

De mois en mois, leurs gestes sont beaucoup moins agressifs, précipités ; ils sont plus beaux, plus précis, plus économes. De mois en mois, ils ne parlent plus comme des mitraillettes, mais posent leurs mots.

Ils voient les naissances, les anniversaires. Ils voient aussi les copulations. Adolescence oblige, ils sont extrêmement intéressés par les innombrables positions de saillies de nos différentes espèces. Les kangourous et les autruches pratiquent un Kama Sûtra surprenant !

Ils observent les comportements de chaque espèce. Ils admirent l'animal qui protège. Ils soulagent la bête qui souffre. Un jeune avait détecté une oie aveugle. Le soir, ce jeune qui, tout petit, avait été martyrisé, guidait l'oie avec beaucoup de tendresse pour la ramener à sa cabane. Vieille et handicapée, elle risquait d'être assaillie par les autres. Par ce geste de compassion vis-à-vis de l'oie, il guérissait ses propres blessures.

Ils sont confrontés aussi à la mort des bêtes. On retrouve des croix un peu partout dans la propriété. Un petit alpaga, un lapin ou d'autres bestioles ont des sépultures dignes de l'amour qu'ils leur portaient. Et cela est valable pour tous les adolescents du monde. Je chéris ces deux phrases à la portée inestimable lorsqu'ils les ont vécues : « la bête ne reprend jamais ce qu'elle a donné », « l'animal ne triche pas et ne ment pas ».

Chaque été nous montre l'horreur des incendies de forêt. Nous sommes très attentifs au débroussaillage des alentours. Les jeunes mènent brouter les lamas, les chèvres ou les moutons aux endroits où le feu pourrait se propager. Ils remettent aussi en état les terrasses d'antan et les cultures en espaliers démolies par l'érosion. Ils y plantent des lavandes. Tout cela chante la création de Dieu, qui est liée à l'effort humain. Les nombreuses tâches qu'ils accomplissent exigent une attention soutenue.

Bâtissons la jeunesse

Refusons-nous que nos enfants lancent à terre leurs déchets ? Les laissons-nous se remplir des assiettes pleines dont ils jettent la moitié aux ordures? Cherchons-nous à dialoguer avec eux pour leur apprendre ces notions indispensables ? Quel monde leur laisserons-nous ? Quelle sorte de jeunes bâtissons-nous, comment les aidons-nous aujourd'hui à prendre soin du monde de demain ? Leur laisserons-nous un monde d'argent, d'égoïsme, et de chacun pour soi ? Devront-ils vivre dans cinquante ans avec des masques à gaz ?

Nous avons raison de poser cette question car cet air pur et cette eau si précieuse sont en train de disparaître. Mais il serait peut être plus judicieux encore de nous poser cette autre question :

« Quelles sortes d'enfants laisserons-nous à notre planète ? Quelles sortes d'enfants construisons-nous pour le futur ? »

Récapitulatif des conseils aux parents

• Soyez en première ligne. Soyez des combattants de l'Amour, des parents tendres, compréhensifs et intraitables.

• Ne laissez pas tout faire à vos enfants. Donnez-leur des repères, des idéaux.

• Vous n'êtes pas les copains de vos enfants. Ne jouez pas aux jeunes, soyez les témoins des différences entre générations.

• N'ayez pas honte des valeurs traditionnelles comme l'effort, le respect, la tolérance, l'honnêteté, la franchise et la fidélité.

• Offrez votre temps à vos enfants. Ne vous dispersez pas ailleurs.

• Soignez votre comportement à la maison : les enfants suivent votre exemple.

• Chaque enfant est unique : aimez sa différence.

• Vos enfants sont plus importants que votre carrière.

• Ne soyez pas des parents absents : vos enfants subiront toutes les influences.

• Observez constamment vos adolescents : certains signes pourraient vous alerter.

• Si vous avez du mal à parler à votre enfant, un geste tendre peut remplacer la parole.

• Offrez-leur votre protection, votre tendresse, votre présence avant de foncer chez un psy.

• Écoutez votre adolescent, ne l'interrompez pas à tout bout de champ ; alors il vous écoutera à son tour.

• Créez du silence à la maison, là ils s'épanouiront. Exercez un contrôle strict sur les heures de télévision, de jeux vidéo, d'internet, etc. de vos gosses.

• Soyez toujours disponibles pour vos enfants, qu'ils puissent à tout moment vous approcher sans crainte de vous déranger.

• Faites-leur confiance. C'est en ayant en retour confiance en vous que les jeunes apprennent le sens du devoir.

• Soyez, parents, un couple roc : vous préparerez vos enfants à la belle aventure de la vie et de l'amour. Si vous êtes divorcés, rassurez vos enfants sur le fait que l'amour fidèle peut exister.

• Malgré vos désaccords, ayez une attitude qui les sécurise.

• Apprenez-leur le sens du devoir accompli qui rend libre et maître de soi.

• Que vos actes soient cohérents avec vos paroles. Seule cette cohérence sera respectée par le jeune. Vos paroles doivent coller à votre vie.

• Vous n'êtes pas des Superman ou des héros : sachez que vos imperfections rassurent vos enfants.

• Apprenez-leur que « réussite » ne rime pas avec « argent ».

• Ne craignez pas de punir votre enfant, mais sachez qu'il n'acceptera qu'une punition juste. Une sanction ne doit jamais humilier.

• Jugez un acte, ne jugez jamais la personne. Faites toujours comprendre à un jeune qui a mal agi qu'il peut encore changer, qu'il est meilleur que les conneries qu'il a faites.

• Attention aux phrases qui dévalorisent un enfant et détruisent sa confiance en lui-même.

• Bûchez votre égalité d'humeur, soyez des doux pour vos enfants. Après un conflit, tendez toujours les bras pour une réconciliation.

• Ne maternez pas trop vos gosses. Aidez-les à prendre leur envol.

• Apprenez-leur à rêver, apprenez-leur que tout est possible avec ce qu'ils sont aujourd'hui : qu'ils cultivent leur idéal de vie.

• Croyez en eux, espérez jusqu'au bout, aimez-les avec force.

• Apprenez aux adolescents à s'aimer tels qu'ils sont. Montrez-leur comment apprivoiser leur corps, le travailler. N'abordez pas de front avec vos adolescents les questions du sexe, ni en termes légers ou grivois.

• Bien plus que le sexe, c'est leur tendresse, leur capacité à aimer, à être fidèles qui sont ce qu'il y a de plus grand en eux. Préparez-les à l'amour.

• Faites en sorte qu'il valorise son intelligence, qu'il ne gaspille pas des années d'apprentissage. Donnez-lui le goût du travail bien fait.

• Dites-lui que l'école est un lieu de respect mutuel.

• Aidez-les à s'en tenir aux décisions qu'ils ont prises, à renforcer leur volonté.

• Dites-lui de bûcher son âme : c'est la partie la plus invisible mais la plus belle de lui-même.

• Ne diabolisez pas le monde extérieur : vos adolescents ont besoin de confiance, d'être des combattants de l'Amour.

• Que le foyer soit pour eux une école du partage avec celui des tâches familiales. Dites-leur régulièrement de bouger leur cul pour les autres, de ne pas penser qu'à la compétition.

• À l'heure où quelques-uns s'inquiètent de savoir quelle planète nous laisserons à nos enfants, moi je vous incite à réfléchir : quels enfants laisserons-nous à notre planète ?

Bibliographie

ARÈNES Jacques, *Dis, un jour, moi aussi je mourrirai ?*, Fleurus, 1999.

BIRRAUX Annie, *Le corps adolescent*, Bayard, 2004.

BIRRAUX Annie, *Parce qu'il faut bien quitter l'enfance*, La Martinière, 2002.

BONNET Gérard, *Défi à la pudeur. Quand le porno devient l'éducation sexuelle des jeunes*, Albin Michel, 2003.

CLERGET Stéphane et COSTA-PRADES Bernadette, *Parents, osez vous faire obéir!*, Albin Michel, 2007.

COPPER-ROYER Béatrice et LA BORIE Guillemette de, *Non, tu n'es pas encore ado ! Les 8-12 ans sont toujours des enfants*, Albin Michel, 2004.

DODSON Fitzhugh, *Le père et son enfant*, Marabout, 2007.

DOLTO Françoise, DOLTO Catherine, PERCHEMINIER Colette, *Paroles pour adolescents : ou le complexe du homard*, Gallimard, Folio junior, 2007.

DOLTO Françoise, *Quand les parents se séparent*, Points Seuil, 2007.

DOLTO Françoise, *La cause des adolescents*, Pocket, 2003.

DUMONTEIL-KREMER Catherine, *Poser des limites à son enfant et le respecter*, Jouvence, 2004.

NAOURI Aldo, *Éduquer ses enfants*, Odile Jacob, 2008.

OLIVIER Christiane, *Enfants-rois, plus jamais ça !*, Albin Michel, 2002.

RUFO Marcel, *Tout ce que vous ne devriez jamais savoir sur la sexualité de vos enfants*, Le Livre de Poche, 2005.

SALADIN-GRIZIVATZ Catherine, *L'autorité*, Bayard, 2003.

VAILLANT Maryse, *L'adolescence au quotidien*, Pocket, 2003.

Table

Cet ouvrage a été achevé d'imprimer
en mai 2008 dans les ateliers de Corlet
à Condé-sur-Noireau

N° d'imprimeur : 111754
Dépôt légal : mai 2008
ISBN : 978-2-84876-117-6
Imprimé en France